Empfehlungen
KINGDOM BUILDER

»Andrew kenne ich schon lange. Als er das erste Mal bei uns und in unserer Gemeinde war, dachte ich: Wer ist dieser Typ? Er kommt, investiert sich voll ins Team und in die Gemeinde, trifft sich mit den Leuten, inspiriert sie dazu, besser und größer zu leben als bisher und sich auf das Reich Gottes auszurichten, dann geht er wieder – und er zahlt alles selbst! Nun, Andrew hat eine Offenbarung darüber, was es bedeutet, ein Kingdom Builder zu sein, jemand, der sich für das Reich Gottes einsetzt. Er ist leidenschaftlich an Gottes Reich interessiert und er kann Leute dafür begeistern, sich an diesem Auftrag zu beteiligen. Seine Geschichte ist inspirierend und ich kann nur jedem empfehlen, dieses Buch zu lesen, egal, ob als Pastor, Leiter oder Unternehmer, ob lebenserfahren oder am Anfang des Lebens – hier gibt es so viel Weisheit, göttliche Prinzipien und Inspiration; es wird dein Leben verändern, garantiert!«

Freimut & Joanna Haverkamp — Leitende Pastoren,
Hillsong Church Germany, Zürich & Vienna

»Dieses Buch verkörpert so viel von Andrews Engagement für das, was es bedeutet, ein Kingdom Builder zu sein. Seine persönliche Geschichte und der Wunsch, anderen zum Erfolg zu verhelfen, haben ihn in viele Teile der Welt geführt. Wir haben hautnah miterlebt, wie Gott Andrews Geschichte benutzt hat, um junge Europäer zu inspirieren und sie dazu zu ermutigen, größer zu träumen und zu denken, damit ihr Leben und das ihrer Familien vorankommen kann und sie so zum Bau der Gemeinde Christi beitragen können. Ich glaube, dieses Buch wird für jeden, der es liest, eine große Ermutigung sein.«

Mark & Joyce Wilkinson — Leitende Pastoren,
Hillsong Church Berlin

»Ich durfte Andrew bereits mehrmals live sprechen hören. Es ist nicht übertrieben zu sagen, dass ich jedes Mal bis ins Innerste herausgefordert und inspiriert wurde. Ich liebe an Andrew und an diesem Buch, dass es nicht um clevere Businessideen geht, sondern darum, in unserem Leben die einfachen Glaubensprinzipien anzuwenden. Ich weiß, dass jede Person – egal, welche Position oder Leidenschaft sie hat – an diesem Buch wachsen wird.«

Simon & Sarah Etter — Campus-Pastoren, Hillsong Church Zürich

»Endlich hat Andrew sein Herz und seine Leidenschaft für die Ortsgemeinde und ihr finanzielles Wohlergehen in ein Buch gepackt. Ich kenne Andrew seit fünfzehn Jahren; ich habe sein Herz erlebt und seine Leidenschaft als Familienmensch, als kluger Geschäftsmann, als großzügiger Geber für das Reich Gottes und als Inspirator von Menschen. Sein Eifer für die Finanzierung des Reiches Gottes ist ansteckend. Durch sein Vorbild, seine Lehre und die Offenbarungen, die er empfangen hat, hat er Gemeinden auf der ganzen Welt vorangebracht. Es ist eines, über das zu schreiben, was man weiß – und etwas ganz anderes, über das zu schreiben, wer man ist und was man tut. Jedenfalls kann ich dieses Buch jedem Gemeindemitglied und jedem Pastor auf der ganzen Welt empfehlen, um den Glauben zu stärken und Denkmuster zu schaffen, durch die Mittel in den Aufbau des Reiches Gottes fließen können.«

André & Wilma Olivier — Leitende Pastoren, Rivers Church, Südafrika

»Seit zwanzig Jahren habe ich das Vergnügen, Andrew und seine Familie zu kennen, und ich bewundere, dass die ganze Familie ein so großes Herz für die Förderung des Reiches Gottes hat, auch was das Geld angeht. Als Pastoren haben wir Andrews Dienst in vielen Facetten erlebt, ob es nun ein Impulsreferat war oder im Einzelcoaching – über die Jahre hat Andrew zum Aufbau unserer Gemeinde viel beigetragen. Ich freue mich darauf, dieses Buch so vielen Menschen wie möglich in die Hand zu geben, denn ich weiß, es wird ihnen helfen, in jedem Lebensbereich Erfolg zu haben. Das ist Andrews Herzensanliegen.«

Thomas & Katherine Hansen — Leitende Pastoren, Hillsong Church Denmark & Malmö

»Andrew ist durch und durch echt. Er ist bewährt und treu. Ich kenne ihn seit vielen Jahren und habe seine Liebe zu Gott und zu seiner Familie gesehen und selber miterlebt, wie er unentwegt seinem Auftrag nachkommt, durch die Gemeinde das Reich Gottes zu finanzieren und zu bauen. Lies, bedenke und wende an, was hier geschrieben steht; es wird dich zu einem größeren, besseren Menschen machen.«

Mark & Leigh Ramsey — Leitende Pastoren, Citipointe Church

»Ich kenne Andrew seit vielen Jahren und konnte aus der Nähe beobachten, wie er das Leben lebt, das er leidenschaftlich gerne anderen nahebringt – eines, in dem Gott, Familie und Karriere sich um seinen Lebenszweck, dem Gemeindebau, herum entfalten. Jedes Mal, wenn er bei uns in Schweden war, hat er unserer Gemeinde sowohl durch Vorträge als auch in vielen Einzelgesprächen wichtige Offenbarungen über Haushalterschaft gebracht und darüber, wie man zielgerichtet lebt. Dieses Buch wird Lesern auf viele verschiedene Arten helfen.«

Andreas & Lina Nielsen — Leitende Pastoren, Hillsong Church Sweden

»Andrew ist unserer Gemeinde sehr zum Segen geworden. Als langjähriges treues Mitglied der Hillsong Church hat er eine aufschlussreiche, inspirierende und befreiende Sicht darauf, was es bedeutet, als Kingdom Builder mit einem Pastor zusammenzuarbeiten. Ich bin begeistert von diesem Buch!«

Kevin & Sheila Gerald — Leitende Pastoren,
Champions Centre Seattle

»Ich kenne Andrew Denton seit vielen Jahren und habe gesehen, wie sich sein Leben als Kingdom Builder entfaltet hat. Was er hier schreibt, das lebt er vor; und sein Einsatz für seine Familie, seine Gemeinde, sein Unternehmen und das Reich Gottes ist ein Vorbild für uns alle. Wir sollten es ihm gleichtun, damit unser Vermächtnis weit über uns hinaus nachwirkt.«

Lee & Laura Domingue — Gründer,
Kingdom Builders US
Autor von *Pearls of the King*

»Ich habe die Ehre, Andrew seit vielen Jahren zu kennen. Gemeinsam mit seiner Frau Susan lebt Andrew mit einer unermüdlichen Leidenschaft für das Reich Gottes, die sich in vielerlei Hinsicht zeigt, insbesondere durch ihre Gabe des Gebens. Andrews Buch wird dich inspirieren und ausrüsten, jetzt für die Ewigkeit zu leben und zu wirken.«

Paul & Maree DeJong — Leitende Pastoren,
LifeNZ Neuseeland

»Es ist ein echtes Vorrecht, Andrew Denton so viele Jahre zu kennen und die Frucht seines Lebens als Ehemann und Vater sowie als Ältester unserer Gemeinde zu sehen. Sein Glaube an das, was Gott zu tun vermag, seine Leidenschaft für die Gemeinde und seine Offenheit, mit der er im Einzelgespräch und öffentlich aus seinem Leben erzählt, waren ein unglaublicher Segen. Ich weiß, dass die Authentizität in diesem Buch Menschenleben verändern und diese unglaublich fruchtbar machen wird!«

Chrishan & Danielle Jeyaratnam — Campus-Pastoren, Hillsong Church Perth

»Andrew Denton ist einer der besten Männer, die ich kenne. Wann immer ich etwas höre von seinen bescheidenen Anfängen als fleißiger Klempner bis hin zum erfolgreichen Bauunternehmer, der er heute ist, reißt es mich mit. Andrews Lebensweg an der Seite seiner Frau Susan ist geprägt von Mut, Entschlossenheit, Treue und opferbereiter Großzügigkeit. Die Quintessenz von Andrews Geschichte ist sein Gehorsam gegenüber Gott. Er ist die Triebfeder, die ihn um die Welt schickt, um Menschen auszurüsten und sie zu ermutigen, ihr gottgegebenes Potenzial zu entdecken und zu erfüllen. Dank ihm sind unsere Leute und unsere Gemeinde besser geworden; Andrew hat sie herausgefordert, mit Wenigem treu umzugehen, um mit Vielem betraut zu werden und mit aller Kraft das Reich Gottes zu bauen.«

Mike & Lisa Kai — Leitende Pastoren, Inspire Church Hawaii

»Andrew ist einer meiner besten Kumpel. Wir haben uns vor etwa fünfzehn Jahren kennengelernt und es war von Anfang an eine besondere Freundschaft. Wenn man abhängt mit ›The Don‹, wie wir ihn gerne nennen, lernt man schnell: Was der ›Don‹ sagt, das tut er auch! Ich durfte Andrew auf mehrere Reisen begleiten, während derer er seine erstaunliche ›Kingdom Builders‹-Geschichte erzählte, und konnte bei Einzelgesprächen beobachten, wie er zuhört und seinem Gegenüber Zeit schenkt und Einsicht und Ermutigung gibt.

Er hat ein solch großes Herz für das Reich Gottes! Unermüdlich hilft er Menschen, ihr Potenzial und ihre Bestimmung zu finden; seine eigene hat er definitiv gefunden. Dieses Buch ist ein großartiges Werkzeug für Pastoren und Gemeinden; es wird viele inspirieren und beeinflussen.«

Paul & Lizzie Clout — Gründer von, Paul Clout Design, Australien

»Jemand hat mal gesagt, die Welt würde uns zwei Fragen stellen – erstens: Wer bist du?, das ist die Frage nach der Identität; zweitens: Was tust du hier?, das ist die Frage nach Sinn und Zweck des Lebens. Wer sie nicht beantworten kann, dem wird die Welt die Antwort auf diese Fragen vorgeben.

Ich habe mich viele Jahre lang wie ein Christ zweiter Klasse gefühlt. Zwar wusste ich, wer ich in Jesus bin, aber wozu hatte ich mein Unternehmen? Mein geschätzter Freund Andrew hat mir geholfen, meine von Gott gegebene Berufung im Leib Christi zu erkennen.

Dies ist ein Buch für die nächste Generation von christlichen Unternehmern und Kingdom Builders – für die jungen Männer und Frauen, die den Traum haben, in der Geschäftswelt von Gott für Gott gebraucht zu werden. Sie werden sich in den ungeschönten Berichten über die Kämpfe wiederfinden und durch die Geschichten des Triumphs ermutigt werden. Wenn dein Herz aufgeht für das, was möglich ist, wird es dich begeistern und dich zurüsten, damit du deiner von Gott gegebenen Berufung im Geschäftsleben nachkommen kannst. Lies – und lass dich für immer verändern!«

Peter & Clare Low — Gründer von 100X

KINGDOM BUILDERS

WIE MAN EIN **ALL-IN-LEBEN** FÜHRT,
DAS VISION WIRKLICHKEIT WERDEN LÄSST

Andrew Denton

Vorwort von Brian Houston

Copyright © 2020 by Andrew Denton

Die englische Originalausgabe erschien unter dem Titel
Kingdom Builders.
Alle Bibelübersetzungen wurden mit freundlicher Genehmigung der Verlage verwendet.

ELB	Revidierte Elberfelder Bibel, © 2006 SCM R.Brockhaus, Witten.
EÜ	Einheitsübersetzung der Heiligen Schrift, © 2016 Kath. Bibelanstalt GmbH, Stuttgart.
GNB	Gute Nachricht Bibel, © 2000 Deutsche Bibelgesellschaft Stuttgart.
HFA	Hoffnung für alle, © by Biblica, Inc.®, hrsg. von Fontis.
MSG	The Message Bible, © by Eugene H. Peterson 2002. NavPress Publishing Group.
NLB	Neues Leben Bibel, © 2017 SCM R.Brockhaus, Witten.
SLT	Bibeltext der Schlachter Übersetzung, © 2000 Genfer Bibelgesellschaft.

Umschlaggestaltung & Satz: Felix Molonfalean
Umschlagfotos: Tony Irving
Übersetzung: Gabriele Kohlmann
Korrektorat: Gabriele Pässler, Stephan Metz

Printed in EU
1. Auflage 2020

Paperback: ISBN 978-1-922411-21-1
E-Book: ISBN 978-1-922411-22-8

Nachdruck und Vervielfältigung, auch auszugsweise, nur mit Genehmigung des Verlages.

An Susan — Du bist wirklich ein Geschenk Gottes und der erste Kingdom Builder in meinem Leben. Dieses Buch ist allein aufgrund deiner Liebe, deines Glaubens an Gott und deines Vertrauens in mich möglich. Danke, dass du »Ja« gesagt hast zu diesem großen, hässlichen Aussie.

An meine Kinder — Ihr seid gesegnet, um ein Segen zu sein. Ich weiß, dass ihr das wisst, und ich bete für euch, dass ihr immer der Kopf und nicht der Schwanz sein werdet. Bewahrt den Glauben, bleibt auf diesem Weg und denkt immer daran, dass eure Mutter und ich euch lieben.

An die Kingdom Builders auf der ganzen Welt — Macht weiter so. Dient weiter. Seid weiterhin liebevoll. Gebt weiter. Führt weiterhin. Und bleibt »unverdrossen«.

*»Vater Gott, ich bete heute:
Dein Wille geschehe.
Du hast versprochen,
mich auf dem Weg zu leiten.
Hilf mir, weise Entscheidungen zu treffen.
Dennoch gib mir Gunst bei Menschen.
Amen.«*

INHALT

Brian Houston	XV
Phill Denton	XIX
Eine Einladung zu einem »ALL IN«-Leben	1
Meine Reise: Genau derselbe Glaube	5

Teil Eins: Die Grundlagen

Was für ein Dienst?	27
Gott, mein alles umfassendes Alles	39
Es geht nicht ums Geld	51
Prioritäten und Planung	61
Einen Schritt zurück nach vorne tun	73

Teil Zwei: Die Partner

Meine Ehepartnerin	87
Die Kinder meiner Kinder	97
Mein Pastor	107
Mein Netzwerk	119
Ein offener Brief an alle Pastoren	129

Teil Drei: Die Praxis

Kein Glaube ohne Risiko	135
In unsicheren Zeiten bauen	149

Schlusswort: Es ist Zeit, zu bauen	165
Anhang A: Kingdom Builders Checklist	168
Anhang B: Beispielfragen für Einzelgespräche	169
Danksagungen	170
Über den Autor	171

Vorwort von

BRIAN HOUSTON

Andrew Denton ist die Art von Mensch, die sich jeder Pastor in seiner Gemeinde wünscht.

Er ist mutig. Er ist ehrlich. Er ist vertrauenswürdig. Er besitzt geistliche Autorität. Er ist ein guter Ehemann, Vater und Großvater. Und er erzählt jedem, dass er kein Pastor ist, aber die Menschen sind ihm wichtig und er setzt sich für andere genauso ein, wenn nicht sogar mehr, als jeder andere Pastor, den ich kenne.

Ich erinnere mich noch gut an den Tag, an dem er mir während einer Hillsong-Konferenz bei einem Kaffee gegenübersaß und gestand, er verspüre den »Ruf«, überall auf der Welt Kingdom Builders aufzubauen. Er fühlte sich dazu berufen, seine Geschichte zu erzählen, um damit andere zu inspirieren, es ihm gleichzutun. Er sagte es nicht in einem »ambitionierten« Tonfall. Er versuchte nicht, sich eine Plattform zu schaffen oder sich einen Namen zu machen. Er wollte einfach, dass andere den Segen erfahren, den er durch den Gehorsam

Christus gegenüber selbst erfahren hat.

Wenn ich so über die anderen Männer, Frauen und Familien in unserer Kirche nachdenke, die unsere Kingdom Builders verkörpern, fällt mir das Wort treu ein. Es sind Menschen, die, genau wie Andrew, die Treue Gottes in ihrem eigenen Leben erkennen und die treu seinem Aufruf folgen, den Nächsten zu lieben, für die Armen zu sorgen und die Enden der Erde mit der guten Nachricht des Evangeliums von Jesus Christus zu erreichen.

Die Kingdom Builders unserer eigenen Kirche haben erhebliche persönliche Opfer gebracht, damit die Vision und der Auftrag unserer Kirche in großen Schritten vorankommen können, und ich weiß nicht, wo wir ohne sie wären. Sie gehen weit über sich selbst hinaus. Sie sind überzeugt, dass ihr Leben eine bedeutende Rolle dabei spielen kann, genau das aufzubauen, von dem Gott sagt, dass er selbst es aufbaut – seine Kirche. Die Frucht in Form der Errettungen, die wir Woche für Woche in der Hillsong Church sehen, ist auch ihre Frucht – geboren aus dem Wunsch, ihre eigene Heimat, Hillsong, auch für andere zu einem Zuhause zu machen.

Ich glaube, dass jeder Pastor solch eine Kerngruppe von Männern und Frauen braucht: Menschen, die das Haus Gottes lieben; Menschen, die sich der Vision ihrer Gemeinde verbunden fühlen, die ihrer Leiterschaft vertrauen und sie unterstützen und die das, was ihnen selbst gegeben ist, gottgefällig verwalten.

Ich kann dich nicht genug ermutigen, dich dieser Botschaft und diesen Prinzipien zu öffnen, die Andrew hier mitteilt. Wenn du Pastor bist, bete, dass Gott Kingdom Builder zu dir bringt, die dir helfen, deine Vision voranzubringen, und die Gott die Ehre dafür geben. Ganz gleich, ob du im Geschäftsleben stehst, ob du Hausmann bzw. Hausfrau bist, ob du gerade mit deinem Studium beginnst oder ob du irgendwo dazwischen stehst, ich bete, dass Gott mit dir persönlich darüber spricht, welche Rolle du spielen kannst, wohin er dich bringen will und wie er dein Leben gebrauchen will, um der Welt um dich herum zu dienen.

Der Leib Christi ist voll von bahnbrechenden Männern und Frauen, die etwas bewirken und die verstehen, dass Kingdom Builder Menschen sind, die Gemeinde bauen; sie erkennen, dass es in ihrem Leben um mehr geht als um sie selbst; es sind Männer und Frauen, die eine Offenbarung über das ZIEL und die SACHE haben, für die sie leben. Ich bete, dass auch du diese Offenbarung erfasst ...

> »Liebt den Herrn, ihr, die ihr ihm gehört; denn er schützt alle, die ihm die Treue halten.«
> (Psalm 31,24 gnb)

Möge Gott dich und deine Familie segnen.

— **Brian Houston**
Globaler Gründer und Seniorpastor der Hillsong Church,
Autor des Bestsellers *Es gibt mehr*

Brüderlicher Rat von

PHILL DENTON

Meine frühesten Erinnerungen an meinen großen Bruder Andrew laufen auf zwei Dinge hinaus: Er hat ständig gearbeitet und er trug einen Bart.

Ich war 10 Jahre alt, als er von zu Hause auszog, 27, als wir zusammen ins Geschäftsleben eintraten, und jetzt, 20 Jahre später, kann ich mir nicht vorstellen, mit jemand anderem eine Firma zu haben. Oder irgendetwas anderes mit meinem Leben anzufangen.

Wir sind beide im Laufe der Jahre gesegnet worden und haben versucht, für andere ein Segen zu sein.

Dieses Buch ist die Geschichte von Andrew. Während dieser ganzen Jahre war ich an seiner Seite und habe miterlebt, wie Gott Glaubensschritte segnet.

Mein Rat an jeden Leser ist ganz simpel: Du kannst etwas tun.

Du kannst geben. Es spielt keine Rolle, wie viel. Solange es ein Schritt des Glaubens ist. Etwas, das dich fordert. Wenn du schon darüber nachdenkst, kannst du es auch gleich ausprobieren. Also, gib dir einen Ruck und leg los.

Es bleibt zu hoffen, dass dieses Buch dir hilft, den ersten Schritt zu tun. Besonders, wenn du dich davon angerührt und bewegt fühlst. Der Stups in die Seite ist Gott, der dir sagt: »Spring einfach!«

— **Phill Denton**
Vorstandsmitglied der Hillsong Church und
Kingdom Builder

EINE EINLADUNG ZU EINEM »ALL ——— IN«-LEBEN

Ich möchte mit einem Haftungsausschluss beginnen: Ich habe die Schule nie abgeschlossen. Ich bin nur ein australischer Klempner in sauberer Kleidung. Es gibt nichts Besonderes an mir. Außer der Tatsache, dass ich mich entschieden habe, mit Gott »all-in« – aufs Ganze – zu gehen.

Was mich zum Zweck dieses kleinen Buches bringt: Ich glaube, ich bin berufen, einen Volk von Menschen zu mobilisieren, die mit Gott ebenfalls »all-in«, aufs Ganze gehen.

Leute wie meine Frau, Susan, und ich.

Gläubige, die sich entschieden haben, mit dem, was sie besitzen, treu zu sein, damit Gott die Schleusen des Himmels öffnen kann.

Ich schreibe dieses Buch, weil ich glaube, dass Gott eine Armee von Kingdom Builders auf der ganzen Welt aufstellen wird.

Ich verwende den Begriff »Kingdom Builders« –

Baumeister am Königreich Gottes, weil wir nicht dazu berufen sind, in diesem Reich einfach nur Trittbrettfahrer zu sein.

Wir sind nicht dazu berufen, bloße Nutznießer des

Königreiches Gottes zu sein.

Nein.

Wir sind dazu berufen, das Königreiches aufzubauen – Kingdom Builders zu sein.

Vom Bauen verstehe ich was. Ich habe es mein ganzes Leben lang getan.

Ein Kingdom Builder zu sein, hat nichts mit Intelligenz, besonderen Fähigkeiten oder sozialem Status zu tun.

Es geht nicht um deine finanzielle Lage.

Glaub mir, meine Frau und ich hatten nicht viel, als wir den ersten Glaubensschritt taten. Damals schien es unmöglich zu sein. Aber wir vertrauten Gott, und er hat uns mehr als tausendfach gesegnet.

Ich glaube aufrichtig, dass wir gesegnet sind, um ein Segen zu sein. Ich habe nicht immer so gedacht. Doch jetzt ist es meine einzige Aufgabe im Leben, diese einfache, lebensverändernde Wahrheit anderen mitzuteilen.

Gott lädt dich ein, beim Bau seines Reiches zu helfen.

Ja.

Er ruft dich auf, ein Kingdom Builder zu sein.

Ein Kingdom Builder zu sein, hat mit Glauben zu tun.

Es geht darum, an die Verheißungen der Bibel zu glauben. Weise Entscheidungen zu treffen. Und Gott täglich zu folgen.

Die Betonung liegt auf täglich. Der Glaube ist eine Reise mit Gott, auf der jeder Moment wichtig ist.

Auf den folgenden Seiten erzähle ich meine Geschichte und die Geschichten anderer, die den Ruf Gottes gehört haben, sein Reich zu finanzieren. Gewöhnliche Menschen wie du und ich, in denen die Erkenntnis wachgeworden ist, wie viel Freude es bereitet, ein großzügiges Leben zu führen. Menschen, die hervor getreten sind und beschlossen haben, Gott in jedem Lebensbereich an die erste Stelle zu setzen.

Ich hoffe, dass du dich uns anschließen wirst.

Meine Reise:

GENAU DERSELBE GLAUBE

Mein Urgroßvater wurde aus der Baptistenkirche rausgeworfen, weil er zu geistlich war. Er war ein einfacher Handwerker wie ich, der radikal gerettet wurde. Pop Denton war für mich das erste Beispiel dafür, was es bedeutet, als Gläubiger »all-in« zu sein. Er pflegte an den Straßenecken in Sydney über den einen wahren Gott zu predigen.

Ich bin ihm dankbar, dass er die Familie Denton auf Kurs gebracht hat – für mehrere Generationen von Gläubigen: Sein Sohn Sidney, mein Großvater, war Pastor. Mein Vater Barry war ebenfalls Pastor. Auch aufseiten meiner Frau reicht der christliche Glaube mehrere Generationen zurück. Wir haben ein reiches christliches Erbe.

Meine Frau Susan und ich haben drei Kinder: Jonathan, der mit Kmy verheiratet ist und der uns unseren ersten Enkelsohn Dallas und unsere Enkelin Daisy geschenkt hat; Mitchell, der mit Elisabetta verheiratet ist; und unsere Tochter Anna, die mit Ehsan verheiratet und Mutter unserer Enkelin Sage ist.

Alle unsere Kinder gehören zur Kirche und dienen Gott.

Ich wurde 1965 in Bowral, New South Wales, Australien, geboren. In den letzten 55 Jahren bin ich an den meisten Sonntagen in der Kirche gewesen. Als ich aufwuchs, kannte ich nur die Kirche. Das Kind eines Pastors zu sein, kann einen entweder direkt zum Dienst führen oder ganz vom Pastorenamt abhalten. Ich habe mich für das Surfen und meine Arbeit entschieden.

Versteh mich nicht falsch, ich liebe Pastoren. Ich will nur selbst keiner sein.

Mir geht es auch heute noch so. Tatsächlich lauten meine Eröffnungssätze, wenn ich aufstehe, um die Botschaft der Kingdom Builders weiterzugeben, folgendermaßen:

»Ich bin kein Pastor. Ich gehöre nicht zum Personal der Hillsong Church. Ich bin auch kein Wanderprediger. Ich verdiene damit nicht meinen Lebensunterhalt. Zu 99 Prozent der Zeit sitze ich wie ihr in der Gemeinde – weil ich nicht anders bin als ihr!«

Der einzige Unterschied zwischen dem alten Andrew und dem neuen ist, dass ich heute weiß, wer ich bin. Ich kenne meine Aufgabe im Leben: das Reich Gottes zu finanzieren.

So habe ich nicht immer gedacht. Als Kind eines Pfingstpredigers in den 1960er- und 1970er-Jahren bin ich mit einem Armutsdenken aufgewachsen: Wenn du reich bist, dann stimmt mit dir etwas nicht; Geld war für uns die Wurzel allen Übels – das war alles, was ich zu diesem Thema gelernt hatte.

Mein Vater hatte immer einen Nebenjob, um sein Pastorengehalt aufzubessern. Ich wusste, wann es aufs Monatsende zuging, denn dann gab es die ganze Woche über Spaghetti zum Abendessen.

Doch etwas an diesem Armutsdenken störte mich; ich wusste damals nur nicht, wie ich über das Thema Finanzen anders hätte denken können.

Zu Hause kam die Kirche an erster Stelle und die Familie an zweiter.

Als Kind war ich nie besonders gut in der Schule. Ich hasste sie sogar und habe deshalb viele Unterrichtsstunden geschwänzt. Am Meer fühlte ich mich am wohlsten; dort fand ich die meiste Anerkennung und Herausforderung. Ich war mein ganzes Leben lang ein Surfer. Ich surfte vor der Schule, nach der Schule und während der Schule, und ich verließ sie, sobald ich die Schulpflicht abgeleistet hatte.

Im reifen Alter von fünfzehn Jahren kehrte ich der Bildungseinrichtung den Rücken und trat in die Arbeitswelt ein – ohne dass ich einen wirklichen Plan gehabt hätte, außer dem, eine Handwerkerlehre zu machen.

Ich hatte keine Ahnung, was ich tun wollte, so ging ich zum Berufsinformationstag auf einer Handwerkermesse. Wenn ich ehrlich bin: Ich wollte möglichst viel Nutzen bei geringstmöglichem Einsatz für mich herausschlagen.

Ich ging von Tisch zu Tisch und stellte eine einfache Frage:

»Wie viel zahlen Sie?«

Klempnerlehrlinge wurden am besten bezahlt, also

entschied ich mich, Klempner zu werden.

Keine Recherche. Kein vorausschauendes Denken. Nur die Frage, wer am meisten zahlt.

Ich schickte eine Handvoll Bewerbungen an potenzielle Arbeitgeber und ging zu ein paar Vorstellungsgesprächen, dann begab ich mich mit einem guten Kumpel auf einen ausgedehnten Surftrip. Etwa eine Woche vor der geplanten Rückkehr rief ich meine Mutter an, die seit Wochen nichts von mir gehört hatte. Ich sagte ihr, am folgenden Dienstag käme ich nach Hause.

Ihre Antwort war ziemlich direkt und schockierend: »Gut. Denn du hast einen Job und am Mittwoch fängst du an!«

So begann mein Berufsleben als Klempnerlehrling.

Mein Vater hatte mir beigebracht, hart zu arbeiten. Dafür bin ich dankbar. Doch für Finanzen hatte ich kein gutes Gespür; erst als ich sechzehn Jahre alt war und meine damalige Freundin und zukünftige Frau Susan kennenlernte, begann ich, ein besseres Verständnis von Geld zu bekommen.

Ich traf sie an einem Sonntagmorgen in der Kirche. Jemand, der die Kirche meines Vaters kannte, schlug ihr vor, mitzukommen. Ich weiß noch, was sie anhatte, als ich sie das erste Mal sah.

Zu sagen, dass sie diesen großen, hässlichen Aussie beeindruckt hat, wäre eine glatte Untertreibung. Sie hatte den unerschütterlichen Glauben, dass Gott noch viel Gutes für sie geplant hatte.

Eine ihrer ersten Fragen an mich lautete: »Wie sieht dein Fünfjahresplan aus?«

Ich erwiderte: »Ein Fünfjahresplan, was ist das?«

Darauf sagte sie: »Na, eben solche Dinge wie deine Ziele und Träume für die Zukunft.«

Ich saß da und starrte sie an. Ich hatte nie weiter gedacht als bis zum nächsten Wochenende. Ich wusste nicht, was ich sagen sollte.

Der einzige Gedanke, der mir in den Sinn kam, war: Ich hätte gern ein heiße Karre!

Susan war schockiert. Sie konnte nicht glauben, dass ich nie davon geträumt hatte, mein eigenes Unternehmen zu haben oder ein eigenes Haus – all das hatte sie sich gewünscht, seit sie zehn war!

Susan hat mich alles über Finanzen gelehrt. Sie war schon immer eine Sparerin.

Als ich sie traf, war sie gerade auf der ersten Station einer Weltreise, die sie schon als Kind geplant und für die sie ihr Taschengeld gespart hatte. Sie dachte sich, sie würde erst auf dieses große Abenteuer gehen und dann in Neuseeland ihr erstes Haus kaufen. Der Hauskauf würde eine große Ausgabe sein, also wäre es dann mit dem Reisen erst einmal vorbei. Sie wusste, dass sie dann nichts anderes mehr tun würde als arbeiten, deshalb entschied sie sich als Erstes für einen Work-and-Travel-Aufenthalt in Australien.

Und nun kreuzten sich die Wege der 19-jährigen gelernte Friseurin aus Neuseeland und diese großen australischen Kerls, der zwar hart arbeiten konnte, aber keine Zukunftspläne hatte.

Zwei Jahre später kauften wir beide unser erstes Haus. Den größten Teil der Anzahlung steuerte Susan bei, und ich habe mit unterschrieben, weil es damals einen Mann brauchte, um an eine Hypothek zu kommen. Ich war gerade 18 Jahre alt und im dritten Lehrjahr, aber sie sah die größeren Zusammenhänge in Gottes Plan.

Die nächsten zwei Jahre, bis wir endlich heirateten, wohnte ich zusammen mit einem Haufen Kumpels in diesem kleinen roten Backsteinhaus in der Nattai Street. An unserem ersten Hochzeitstag erfuhren wir, dass Susan schwanger war. Plötzlich war das Leben echt hart.

Ich war baff, als sie mir die Neuigkeit erzählte. Zum ersten Mal in meinem Leben wurde mir klar, dass ich für einen anderen Menschen verantwortlich war.

Jonathan wurde geboren, und wir hatten nur noch einen Lohn. Die Zinssätze in Australien waren 1987 mit rund 18 Prozent auf einem historischen Allzeithoch. Ich hatte die gewaltige Aufgabe, meine Familie zu versorgen, und tat deshalb, was mein Vater mir beigebracht hatte: fleißig sein und hart arbeiten.

Während der nächsten zehn Jahre legte ich mich mächtig ins Zeug. Ich habe mich nie vor der Arbeit gescheut.

Sechs Tage in der Woche? Kein Problem.

Achtzehn-Stunden-Tage? Andrew hat's drauf.

Ich bereue jene Anfangsjahre nicht. Ich habe viel über Loyalität und Verlässlichkeit gelernt.

Als ich 21 Jahre alt war, hatten wir in der Kirche meines Vaters einen Propheten zu Gast. Ich kannte diesen Mann seit meiner Kindheit und hatte ihn schon viele Male predigen hören, weshalb ich das, was dann geschah, so nicht erwartet hätte.

Er sprach über die Gemeinde und dann sprach er über mich. Es ging dabei um den Dienstmantel, der auf meinem Vater, dem Pastor, lag und auf meinem Großvater, dem Pastor, und sogar auf meinem Urgroßvater. Er prophezeite, dass ihr Dienstmantel derselbe war wie der Mantel, der auf mir lag.

Er prophezeite auch, mein Dienst würde ein Dienst sein, den nicht jeder tun könne.

Zu sagen, ich sei an jenem Tag schockiert gewesen, wäre glatt untertrieben.

Schließlich wusste ich ganz sicher, dass ich kein Pastor werden wollte. Dieser Punkt kam für mich also schon mal nicht infrage. Aber worum ging es bei diesem anderen Dienst?

Ist nicht das Amt des Pastors der einzige Dienst, den es gibt? Was sonst könnte er meinen? Ich war verwirrt, schob es in den Hinterkopf und vergaß es bald völlig.

In der nächsten Phase meines Lebens war ich Klempner mit Vollzeitstelle, dazu kam meine Arbeit als selbstständiger Klempner und noch eine Multi-Level-Marketing-Firma.

Arbeit, Arbeit und noch mehr Arbeit.

Das ist alles, was ich tat.

Es bricht mir das Herz, das zuzugeben, aber wir machten acht Jahre lang keinen Familienurlaub.

In dieser Zeit wurde ich zu einem sehr langweiligen, müden und depressiven Menschen. Ich ging noch immer mit meiner Familie zur Kirche. Ich sang noch immer die Lobpreis- und Anbetungslieder. Aber innerlich war ich tot.

Ich werde nie den Tag vergessen, an dem ich um

17 Uhr nach Hause kam, um schnell zu duschen und etwas zu Abend zu essen, bevor ich wieder zur Arbeit ging, und Susan zu mir sagte: »Dir ist schon klar, dass ich eine alleinerziehende Mutter mit drei Kindern bin, nicht wahr?«

In meiner Ignoranz und zu meiner Verteidigung sagte ich: »Was für eine dumme Behauptung. Natürlich bist du keine alleinerziehende Mutter! Du bist mit mir verheiratet!«

Sie entgegnete: »Das ändert nichts an der Tatsache, dass ich eine alleinerziehende Mutter mit drei Kindern bin.«

Ich schoss direkt zurück: »Nun, ich bin doch hier, oder etwa nicht?«

Daraufhin schoss sie zurück: »Du bist nie hier, Andrew. Alles, was du je tust, ist arbeiten, arbeiten und noch mehr arbeiten!«

An dem Punkt war ich schon ziemlich aufgebracht. Empört sagte ich: »Ich tue das doch alles für die Familie!«

»Welche Familie?« sagte Susan. »Andrew, es muss sich etwas ändern!«

Ich stürmte aus dem Haus, knallte die Haustür hinter mir zu, sprang in meinen Pick-up und fuhr davon. Ich kam nur ein paar Kilometer weit, dann musste ich anhalten. Ich weinte über das, was gerade passiert war. Dicke, wütende Tränen.

Ich war sauer, ich war durcheinander.

Das war nicht die Art von Leben, die ich wollte. Hier war ich, ein echter Workaholic und in Gefahr, meine Familie zu verlieren.

Ich hatte kein klares Ziel. Da stand kein echtes

»Warum« hinter meinen täglichen Entscheidungen. Mir wurde klar, dass ich lediglich finanziell für meine Familie sorgte, und das noch nicht einmal besonders gut. Ich arbeitete dermaßen viel; ich wusste nicht mehr, wo in meiner Familie mein Platz war und wie ich ein Ehemann, Vater und Mensch sein konnte, der mit seinen Lieben Zeit verbrachte.

Als ich da in meinem Pick-up am Straßenrand saß und mir die Tränen über die Wangen liefen, wusste ich, dass ich Hilfe brauchte.

Ich wendete meinen Wagen und fuhr direkt zurück nach Hause zu Susan. Ich entschuldigte mich für mein Verhalten und die Art, wie ich lebte. Sie schlug mir vor, mit einem der Pastoren zu sprechen.

Ich wusste, sie hatte recht, aber mir graute vor dem, worum sie mich bat. Bis zu dem Punkt in meinem Leben hatte ich immer gedacht, Seelsorge sei etwas für Schwächlinge; doch ich schluckte meinen Stolz hinunter und holte mir Hilfe.

Mit einem unserer Pastoren zu sprechen war goldrichtig. Er wies mich geradewegs zurück zu Jesus und sagte, ich müsse ihn um Orientierung in meinem Leben bitten und ihn fragen, welche konkreten Veränderungen ich vornehmen müsse.

So begann ich, fleißig zu beten und Gott zu suchen wie noch nie in meinem Leben.

Einige Wochen später besuchte ich ein Männer-Camp meiner Kirche, der Hillsong Church. Dort predigte mein Pastor, Brian Houston, eine Botschaft über den »Glauben des Hauptmanns« aus Matthäus 8,5–13.

Ich saß in der ersten Reihe. Nicht, weil ich etwas Besonderes gewesen wäre, sondern weil ich eifrig war. Offen und bereit zu lernen.

Zu dieser Zeit, vierzehn Jahre nach der Gründung, waren wir mit Tausenden von Mitgliedern die größte Kirche in Australien, aber wir hatten kein Gebäude.

An dieser Stelle ein paar Worte über die Hillsong Church: Pastor Brian und Bobbie Houston haben seit den ersten Zusammenkünften in einer Schulaula 1983 diese Kirche zu der blühenden weltweiten Gemeindebewegung gemacht, die sie heute ist. Aber es ging nie um Zahlen.

Sie nutzten alle ihnen zur Verfügung stehenden Mittel, um Gemeinschaft zu bauen. Der Reichtum unserer Kirche – ich werde es im Laufe dieses Buches immer wieder sagen – sind die MENSCHEN.

Bei Gebäuden geht es nicht um die neueste technische Ausrüstung, um Prestige oder darum, Denkmäler für uns selbst zu errichten – es geht darum, das Werk Gottes zu beheimaten und den Menschen einen Raum zu schaffen, wo sie Gemeinschaft, Verbundenheit und letztendlich die Beziehung zu Jesus finden.

Wir nutzten alles, was sich uns bot, von der Schulaula bis zur Stadthalle, um zusammenzukommen und zu wachsen – aber wir waren stets abhängig vom guten Willen der jeweiligen Vermieter. Wir verbrachten viele kostbare Stunden ehrenamtlicher Arbeit damit, laufend die Räumlichkeiten zu wechseln, anstatt diese Zeit in unsere Zukunft zu investieren.

Einen Visionär wie Pastor Brian frustrierte dies zutiefst. Unsere Kirche bestand aus gläubigen, ganz gewöhnlichen, hart arbeitenden Menschen – nicht aus gut betuchten Millionären. Es schien keine Lösung in Sicht. In dieser Phase gab Gott Pastor Brian das Wort, es gehe nicht darum, ein oder zwei wohlhabende Personen zu finden, die die Last tragen sollten; er solle vielmehr eine ganze Generation von großzügigen Männern und Frauen heranziehen, die die langfristige Vision tragen würden, weil sie glaubten, dass Gott sie auch deshalb segnen wolle, damit sie ein Segen seien.

Zu jener Zeit gab Gott ihm eine Botschaft über den Glauben des Hauptmanns – und die richtete er an uns in diesem Männer-Camp. Gerade, als ich persönlich am Scheideweg stand.

Es ist eine wohlbekannte Geschichte. Hier ist meine frei wiedergegebene Version: Der Hauptmann kommt zu Jesus und bittet ihn, seinen Diener zu heilen. Jesus sagt: »Klar, lass uns zu deinem Haus gehen und ich mache ihn gesund.«

Der Hauptmann antwortet: »Moment, Jesus. Zunächst einmal bin ich nicht würdig, dass du in mein Haus kommst. Außerdem brauchst du gar nicht zu mir nach Hause zu kommen. Du sprichst nur das Wort, und mein Diener wird geheilt werden.«

Wie die Bibel sagt, war Jesus über den Glauben dieses Mannes erstaunt.

Und der Hauptmann dann so: »Glaube? Das hat nichts mit Glauben zu tun. Es geht dabei um Autorität. Ich bin ein Mensch mit Autorität. Und ich selbst stehe auch unter Autorität. Ich sage zu diesem Mann da: ›Du gehst da rüber.‹ Und er geht da rüber. Bist du nicht genauso,

Jesus? Du bist ein Mensch mit Autorität. Also, sprich einfach ein Wort, und mein Diener wird geheilt.«

Pastor Brian wies in seiner Botschaft darauf hin, dass der Hauptmann eine Hundertschaft unter sich hatte; Männer, die das Notwendige taten – nicht als Roboter, sondern als willige Mitwirkende für die Sache Roms.

Dann sagte Pastor Brian: »Leute, das ist fantastisch! Als euer leitender Pastor weiß ich jetzt, was ich brauche. Ich brauche hundert Männer, die alles tun, was im Interesse des Reiches Gottes ist, nicht als Roboter, sondern als willige Mitwirkende für die Sache Christi. Als Erstes bitte ich diese Gruppe darum, eine Million Dollar über den normalen Zehnten und die normalen Opfergaben hinausgehend aufzubringen.«

Als ich Pastor Brian diese Worte sagen hörte, war es wie ein Paukenschlag: »Das bin ich!« – mir sprang fast das Herz aus der Brust!

Ich hatte keinen blassen Schimmer, wie ich das Geld auftreiben sollte; trotzdem ging ich, aufgelöst schluchzend, schnurstracks zu Pastor Brian und sagte: »Ich bin dabei.«

Ich bin sicher, dass er mich ansah und dachte: Wow, das ist schön, Andrew. Das wird sicher interessant. Denn an diesem Punkt meines Lebens waren die Dinge völlig aus den Fugen geraten.

An diesem Abend versammelte ich ein paar Jungs um Pastor Brian. Wir beteten für ihn, und damit nahmen die Kingdom Builders ihren Anfang.

Das war 1996. Dieser Tag war für mein Zeugnis und für das Zeugnis der Hillsong Church von zentraler Bedeutung.

Wenn du dich mit dem Thema »Kirche und Finanzen« ein bisschen auskennst, weißt du, dass der Zehnte und das normale Sonntagsopfer dazu da sind, die Betriebskosten und – hoffentlich – das Gehalt des Pastors zu decken. Es sind die »Extra-Opfer«, die der Kirche helfen, riesige Glaubenssprünge zu machen, Gebäude zu kaufen, neue Gemeinden zu gründen und in aller Welt das Evangelium zu verkündigen.

Im Jahr 1997 ging das erste Opfer der Kingdom Builders ein.

Im ersten Jahr der Kingdom Builders trug Gott Susan und mir auf, einen Scheck über 5.000 Dollar auszustellen. Es hätten genauso gut 5.000.000 Dollar sein können. Zu dieser Zeit hatte ich zwei Jobs und führte ein weiteres Unternehmen von zu Hause aus; die Nachtarbeit hatte ich aufgegeben, um Zeit für die Familie zu haben.

Und weißt du was? Wir haben diesen Scheck ausgestellt, und irgendwie segnete Gott uns durch dieses Weniger mit mehr.

Es war ein Glaubensschritt für uns als Familie, aber Susan und ich wussten, dass Gott uns dazu aufgerufen hatte.

Im ersten Jahr, in dem wir diesen Schritt des Glaubens taten, nahmen wir in unserem Leben massive Veränderungen vor. Es war beängstigend, aber auch ungeheuer spannend. Es war das erste Jahr, in dem ich mich nicht auf Andrew verließ. Es war unglaublich: Am Ende des Jahres hatten wir die 5.000 Dollar beisammen und konnten sie in den Opferkasten werfen!

Dann sagte ich zu meiner Frau: »Lass es uns noch einmal tun.«

Ich erinnere mich gut, dass ich auch die Kinder mit einbezogen habe. Ich sagte zu ihnen: »Letztes Jahr haben wir 5.000 Dollar gespendet. Dieses Jahr geben wir 15.000 Dollar.«

Zu dieser Zeit fuhren wir ein 10.000-Dollar-Fahrzeug. Um mehr Raum für anderes in meinem Leben zu schaffen, hatte ich unter anderem meinen schönen Wagen verkauft und einen günstigeren angeschafft. Das war gut für mein Ego, und ich habe es auch getan, weil es wichtig war, meiner neu gefundenen Überzeugung getreu zu leben: Die Gelegenheit kommt zu denen, die sich vorbereitet haben.

Ich habe wieder Zeit in mein Leben investiert. Ich habe wieder finanzielle Belastbarkeit in meinem Leben geschaffen. Ich musste meinen Stolz hinunterschlucken, was nicht leicht war, aber dafür war ich in der Lage, einen Scheck über 15.000 Dollar auszustellen.

Ich erinnere mich sehr deutlich, wie ich auf dem Parkplatz der Kirche dachte: Wieder ganz schön beängstigend. Es braucht genauso viel Glauben, 15.000 Dollar zu geben, wie für die 5.000 Dollar letztes Jahr.

Es war verblüffend.

Nur zwei Jahre später stellten wir einen Scheck über 80.000 Dollar aus. Nach weiteren zwei Jahren stellten wir einen Scheck über 240.000 Dollar aus.

Das hat mich umgehauen.

Da hatte ich zehn Jahre lang geschuftet, mich dabei voll und ganz auf Andrew verlassen, und hatte praktisch in allen Bereichen meines Lebens versagt. Und hier waren wir nun, wenige Jahre später, und hatten nur eine Sache anders gemacht – wir hatten auf die Frage »Vertrauen wir Gott oder nicht?« die richtige Antwort gegeben.

Wir waren entweder »all-in« oder »all-out« – voller Einsatz oder kompletter Rückzieher.

Und jetzt, nur wenige Jahre später, stellten wir einen Scheck über 240.000 Dollar aus.

Wie das?

Weil wir uns entschieden hatten, »all-in« zu gehen und an die Verheißungen Gottes zu glauben.

Bevor wir den Scheck über 5.000 Dollar ausstellten, hatten Susan und ich immer nur den Zehnten gegeben. Nachdem wir uns entschieden hatten, einen Schritt weiterzugehen und opferbereit zu geben, sprengte Gott die Grenzen unseres Lebens.

Der 5.000-Dollar-Scheck wurde für den Bau des ersten Gebäudes von Hillsong verwendet. Susan und ich saßen bei der Eröffnung ganz hinten in den oberen Reihen. An dem Abend wurde prophezeit, dass die Hillsong Church künftig noch mehrfach Millionen-Dollar-Schecks empfangen würde.

Aussies können richtig Begeisterung zeigen, wenn es drauf ankommt, weshalb auch alle aufstanden und klatschten. Und das ziemlich lange. Ich weiß deshalb, wie lange der Beifall andauerte, weil er für ein komplettes Gespräch mit meiner Frau reichte.

Ich erinnere mich, dass ich sagte: »Das ist verrückt.«

Und dass Susan daraufhin meinte: »Wäre es nicht großartig, wenn die einfachen Leute in unserer Kirche in der Lage wären, so viel zu geben, und nicht nur ein paar Millionäre, die gerettet werden?«

Ich dachte: Das ist absurd. Das liegt weit über dem,

was man erbitten, erdenken oder sich vorstellen kann. Das sind total verrückte Ideen.

Aber an jenem Abend sprach der Heilige Geist durch Susan. Ich glaube nicht, dass ihr das bewusst war. Ich jedenfalls hatte ganz sicher keine Ahnung, dass mein Bruder Phillip, seine Frau Melissa sowie Susan und ich innerhalb von acht Jahren gemeinsam diesen Scheck über 1.000.000 Dollar ausstellen würden; Geld, das aus unseren Unternehmenserlösen stammte.

War es beängstigend?

Auf jeden Fall.

War es aufregend?

Unglaublich aufregend.

Aber nicht beängstigender oder aufregender als damals, als wir die 5.000 Dollar ausstellten. Weil es genau derselbe Glaube war.

Als mein Bruder Phill und ich den Scheck über 1.000.000 Dollar ausgestellt hatten, sagte ich: »Lasst uns den nicht einfach in den Opferkasten werfen. Nicht, dass dieser Brummer womöglich verlorengeht. Lasst uns einen Termin mit Pastor Brian vereinbaren.«

Als wir ihm den Scheck überreichten, schaute er mir direkt in die Augen und sagte: »Wisst ihr, ich werde euch jetzt trotzdem nicht anders behandeln als alle anderen.«

Ich sagte: »Gut. Bitte sag keinem, wer das hier gegeben hat. Denn irgendwann an diesem Wochenende wird ein anderes Paar 5.000 Dollar geben und dazu wird exakt genauso viel Glaube nötig sein.«

Jedes Jahr unternehmen wir weitere Glaubensschritte; die Schecks haben heute mehr Nullen, aber es ist genau derselbe Glaube wie damals, als wir 5.000 Dollar gaben. Genau dasselbe Vertrauen.

Während der letzten sechs Jahre hat Gott mich über den ganzen Planeten geführt, um Menschen wachzurufen, die »all-in« gehen wollen. Kingdom Builders, die bereit sind, die Sache Christi zu finanzieren. Männer und Frauen, die bereitwillig Opfer bringen und geben, um das Reich Gottes voranzubringen.

Vielleicht fühlst du dich so, wie ich mich 1996 fühlte.

Verloren. Müde. Auf der Suche nach Sinn.

Ich wage zu sagen, dass du dazu bestimmt bist, deine Gemeinde in einer Weise zu unterstützen, die das übersteigt, was dein Pastor erbitten, erdenken oder sich vorstellen kann.

Susan und ich wurden gesegnet, um ein Segen zu sein. Du hast die gleiche Berufung und Gelegenheit.

Die folgenden Seiten werden dir hoffentlich helfen und dich den Mut finden lassen, dem Aufruf zu folgen und das Reich Gottes mitzufinanzieren.

Ich habe das Buch in drei Abschnitte gegliedert: Die Grundlagen, Die Partner und Die Praxis.

Der erste Abschnitt gibt dir die biblische Grundlage, damit du verstehst, was es bedeutet, ein Kingdom Builder zu sein. Der zweite Abschnitt hilft dir zu verstehen, welche Art von Team du um dich herum brauchst, um treu zu sein. Der letzte Abschnitt ist ein praktischer Leitfaden, der dir den Anfang erleichtert und dir hilft, weiterzumachen, egal, was kommt.

Folgendes sage ich Menschen auf der ganzen Welt, die mich fragen, ob Kingdom Builders eine geschlossene

Gesellschaft ist: »Ja«, antworte ich dann immer, »es ist eine geschlossene Gesellschaft. Aber jeder ist eingeladen.«

Wirst du dich dafür entscheiden, ein Kingdom Builder zu werden?

Ich hoffe es. Es ist nicht leicht. Aber es ist unglaublich einfach. Es erfordert nur Hingabe.

Und so funktioniert es...

TEIL EINS

DIE GRUNDLAGEN

WAS FÜR EIN DIENST?

Wie bereits gesagt: Ich bin kein Pastor.

Mein Dienst besteht nicht darin, Menschen ein Hirte zu sein.

Auch nicht darin, Leute vom Podium aus in den Lobpreis und die Anbetung zu führen.

Mein Dienst ist es, das Reich Gottes zu finanzieren.

Und es fällt mir leicht, meinem Pastor zu vertrauen und meinen Teil beizutragen.

Wir sind beide zum Dienst berufen.

In den 29 Jahren meiner Zugehörigkeit zur Hillsong Church war ich noch nie in einem Gottesdienst, in dem keiner gerettet worden wäre. Ich war überall auf der Welt in allen Arten von Gottesdiensten und ich habe die Frucht gesehen.

Daher fällt es mir heute nicht schwer, einen Scheck auszustellen.

Es ist nicht schwer, opferfreudig zu geben.

Es ist nicht schwer, andere dazu anzuregen, das Gleiche zu tun.

Gott bittet mich nur, der Geber zu sein. Gott verlangt von mir nur die Bereitstellung. Bedingungsloses Geben. Ohne bestimmen zu wollen, wohin das Geld geht. Aber treu zu geben und ihm und seinem Wort zu vertrauen.

Gott bittet mich, ein williger Mitwirkender zu sein. Ich habe kein Mitspracherecht. Genauso wenig du.

Wenn ich über den Dienst zur Finanzierung des Reiches Gottes spreche, dann meine ich aktives Mitwirken und Beitragen zu dem, was die Kirche vorwärtsbringt.

Das zusätzliche Opfer.

Nicht nur die normalen Zehnten und Opfergaben, die alles am Laufen halten und das Gehalt des Pastors finanzieren. Das ist leicht. Aber am meisten bewirkt im Reich Gottes das, was wir darüber hinaus geben!

Ich bin erstaunt, wie viele Menschen Gott nicht vertrauen, wenn es um ihr Geld geht

Es ist traurig, aber wahr: Die Leute geben einfach nicht den Zehnten. Das habe ich immer und immer wieder gesehen, überall auf der Welt. Sie haben Angst davor, Gott zehn Prozent zurückzugeben – dabei ist das die leichteste seiner Forderungen an uns.

Dieser Mangel an Glauben hindert die Kirche daran, wirklich große Glaubenssprünge zu machen, wie etwa die Gründung neuer Gemeinden bzw. Tochtergemeinden in der Umgebung, geschweige denn in der ganzen Welt.

Denn dazu braucht es das »darüber hinausgehende« Geld. Das Opfer, das wehtut.

Als Unternehmer möchte ich Resultate sehen. Die Wirkung meines Gebens sehe ich schon, wenn ich nur meine eigenen Kinder anschaue: Alles, was wir jemals der

Kirche gegeben haben – jeder Dollar, jede Stunde, jedes Opfer –, war es wert. Allein schon wegen der Wirkung, die unser Geben auf unsere Familie hatte.

Es hat sich echt gelohnt!

DAS INNERE DES KERNS

In der Hillsong Church bringen wir jedes Jahr ein »Heart for the House«-Opfer, in dem wir unser Herz für das Haus Gottes zeigen; das ist der Höhepunkt der Spenden der Kingdom Builders. Nach unserem Opfer für 2014 ging ich zum Finanzvorstand der Hillsong Church in Australien und wollte wissen, welchen Anteil der Beitrag der Kingdom Builders am Gesamtergebnis des »Heart for the House«-Opfers hatte.

Er brauchte drei Wochen, um die Zahl zu ermitteln; ich vermute, dass er mehrmals nachprüfen musste. Als er mich in sein Büro rief, waren auch seine beiden Bilanzbuchhalter da, um die Zahlen zu bestätigen.

Was er errechnet hatte, haute mich glatt um.

Was mich am erstaunlichen Ergebnis aber am meisten überraschte: Der Löwenanteil, rund 70 Prozent, stammte von einer kleinen, aber treuen und großzügigen Gruppe von Menschen – den Kingdom Builders. Menschen mit einer Offenbarung darüber, was Großzügigkeit bewirken kann, sowohl in ihrem eigenen als auch im Leben anderer, wenn sie selbst zum Kanal werden, durch den dieser Segen fließen kann.

Vielleicht liest du das und denkst dir: »Ich bin doch

aber kein Millionär.«

Nun, das waren Susan und ich auch nicht, als wir unseren ersten Scheck ausstellten. Deshalb haben wir den Mindestbeitrag für Kingdom Builders auf 5.000 Dollar angesetzt.

Ein Kingdom Builder zu sein, hat nichts mit der Höhe deines Opfers zu tun; es geht um dein Herz. Es geht darum, über den normalen Zehnten und das normale Opfer hinaus opferbereit zu geben.

Ich werde ständig gefragt: »Sind die Kingdom Builders nicht eine exklusive Gruppe?«

Und ich sage dann: »Absolut richtig. Doch sie steht jedem offen.«

Es ist ein bisschen so, als würde man fragen, wer am Sonntag während der Lobpreis- und Anbetungszeit auf der Bühne das Mikrofon halten darf. Das Kreativteam ist für jeden offen. Du machst einfach mit und dienst – so bewährt man sich. Und man muss nicht einmal der beste Sänger sein, um den Lobpreis zu leiten. Man muss nur das beste Herz haben.

Kingdom Builder zu sein, ist eine Herzensangelegenheit.

Kingdom Builders sind eine Gruppe engagierter Menschen, die beschlossen haben, Gott in jedem Lebensbereich an die erste Stelle zu setzen.

DAS GLEICHNIS VON DEN TALENTEN

Jesus erzählt in den Evangelien eine Geschichte über die Art von Menschen, die er sucht, um mit ihnen sein Reich zu bauen. Als er über das Reich Gottes spricht, sagt Jesus:

> Man kann das Himmelreich auch am Beispiel von einem Mann erklären, der auf eine längere Reise geht. Er rief seine Diener zusammen und delegierte Verantwortlichkeiten. Dem einen gab er fünftausend Dollar, dem anderen zweitausend, dem dritten eintausend Dollar, entsprechend ihrer Fähigkeiten. Dann ging er weg. Sofort machte sich der erste Diener an die Arbeit und verdoppelte die Investition seines Herrn. Der zweite Diener tat das Gleiche. Aber der Mann mit den tausend Dollar hob ein Loch aus und vergrub das Geld seines Herrn sorgfältig.
>
> Nach langer Abwesenheit kam der Herr dieser drei Diener zurück und rechnete mit ihnen ab. Derjenige, der fünftausend Dollar erhalten hatte, zeigte ihm, wie er seine Investition verdoppelt hatte. Sein Herr lobte ihn: »Ausgezeichnet! Du hast deine Arbeit gut gemacht. Ab sofort bist du mein Teilhaber.«
>
> Der Diener mit den zweitausend zeigte, wie auch er die Investition seines Herrn verdoppelt hatte. Sein Herr lobte ihn: »Ausgezeichnet! Du hast deine Arbeit gut gemacht Ab sofort bist du mein Teilhaber.«
>
> Der Diener, dem der Tausender gegeben worden war, sagte: »Herr, ich weiß, dass du hohe Ansprüche stellst und leichtfertiges Handeln hasst, dass du das Beste verlangst und keine Fehler duldest. Ich hatte Angst, dich zu enttäuschen, also suchte ich ein gutes Versteck und brachte dein Geld in Sicherheit. Hier ist es, wohlbehalten und vollzählig bis zum letzten Cent.«

Der Herr war wütend: »Was für ein ungeheuerlicher Lebensstil! Es ist kriminell, so zaghaft zu leben! Wenn du so genau wusstest, dass ich das Beste erwarte, warum hast du dann nicht einmal das Mindeste getan? Das Mindeste wäre gewesen, dass du die Summe auf der Bank anlegst, dann hätte ich wenigstens ein bisschen Zinsen bekommen.

Nehmt die Tausend und gebt sie demjenigen, der am meisten riskiert hat. Und jetzt schafft diesen Zauderer weg, der nicht bereit ist, etwas zu wagen. Werft ihn hinaus in die totale Finsternis!«

(Matthäus 25,14-30 MSG)

Es gibt ein paar Schlüsselprinzipien, die wir aus diesem Abschnitt ableiten können.

Zunächst einmal sucht Jesus nach Menschen, die bereit sind, sich finanziell »aus dem Fenster zu lehnen« – Gläubige, die sich nicht scheuen, ihm auf sein Wort hin zu vertrauen und für die Sache Christi etwas zu riskieren.

In dieser Geschichte sehen wir auch, dass Gott Partner sucht. Willige Teilhaber. Menschen auf der Suche nach Sinn, so wie ich es 1996 war.

Zu viele Christen sind nur Beobachter; Gott aber sucht Teilhaber, die aktiv werden und anpacken.

Menschen, denen er vertrauen kann. Unabhängig von Fähigkeiten und Einkommen. Die ersten beiden Diener investierten, was ihnen anvertraut worden war, doch der dritte Diener glaubte nicht an die Verheißungen Gottes.

Dieses einfache Prinzip des Reiches Gottes darf man nicht einfach übergehen: Wenn du investierst, was Gott dir gibt, dann wächst es. Wenn du nach dem handelst, was er dir befohlen hat, dann segnet er diesen Glaubensschritt.

Aber wir sehen auch, was traurigerweise mit denen geschieht, die wie der dritte Diener ein Leben der Angst führen.

Was du hast, wird dir genommen. Schlimmer noch, dein Mangel an Glauben beraubt dich echter Gemeinschaft.

Das ist das Erstaunliche an den Kingdom Builders: Sie sind in der Kirche das Innere des Kerns. Jede Kirche hat einen Kern. In der Regel dienen 25 bis 30 Prozent aktiv und geben vielleicht auch den Zehnten; aber es ist das eine Prozent, das den Unterschied macht.

Kingdom Builder, die aufs Ganze gehen, die »all-in« sind.

Als ich vor sechs Jahren in Stockholm an der Gründung der Kingdom Builders mitwirkte, stand die Kirche dort kurz davor, ihr Gebäude zu verlieren. Fünf Jahre später haben sie nun sechs Campusse, zwei davon auf eigenen Grundstücken.

Warum?

Weil das Innere des Kerns, die Kingdom Builders, aktiv wurde.

Heute machen die Kingdom Builders fast 10 Prozent ihrer Gesamtgemeinde aus. Die Kirche in Stockholm ist zum Aushängeschild dafür geworden, welchen Einfluss Kingdom Builders haben können.

DU WILLST AUCH KINGDOM BUILDER SEIN?

Ich habe hier viel über Finanzen gesprochen, aber lass mich klarstellen: Ein Kingdom Builder zu sein, hat nichts mit Geld zu tun.

Die erste Voraussetzung, um ein Kingdom Builder zu sein, ist die Entscheidung, Gott in jedem Lebensbereich die erste Stelle einzuräumen.

Das heißt: Die Brücken hinter dir abbrechen. Selbstzufriedenheit abschütteln. Grenze überschreiten. Mit Gott aufs Ganze, »all-in« gehen. Es ist ein Glaubenssprung, bei dem man nicht zurückblickt und der nichts für schwache Nerven ist.

Es geht darum, auf alle Verheißungen Gottes zu vertrauen. Und zu glauben, dass jede einzelne von Gottes Verheißungen für dich bestimmt ist.

Ist das einfach?

Nein.

Lohnt es sich?

Auf jeden Fall!

Die zweite Voraussetzung, um ein Kingdom Builder zu sein, ist der Glaube an die Vision der Kirche. Ganz gleich, zu welcher Kirche du gehörst, du musst die Zukunft deiner Glaubensgemeinschaft voll und ganz mittragen.

Die dritte Voraussetzung, um ein Kingdom Builder zu sein, ist, dass du im Herzen sagst: »Pastor, ich stehe hinter dir.« Du musst den Leiter deiner Glaubensgemeinschaft unterstützen. Du musst mit ihm und für ihn kämpfen.

Ich war nicht immer einer Meinung mit meinem

Pastor, aber ich habe immer hinter ihm gestanden. Und er weiß, dass er auf mich zählen kann.

Nach meiner eigenen Erfahrung, aber auch nach dem, was ich im Leben anderer Kingdom Builder gesehen habe, fließt das Geld, wenn die ersten drei Anforderungen an Kingdom Builder erfüllt sind. Aber dazu muss das Herz in die richtige Haltung gebracht werden.

Ich habe einmal auf einer Veranstaltung der Kingdom Builders gesprochen, und am Ende meines Vortrags kam ein junger Mann auf mich zu. Ich sah ihn an – er war von Kopf bis Fuß tätowiert. Ich erkannte ihn, er kam von One80TC, einer Drogen- und Alkohol-Reha. Er war frisch aus der Haft entlassen und hatte sich am Bibelcollege eingeschrieben. Er krempelte gerade sein Leben um.

Er kam mit einem breiten Lächeln auf mich zu, und ich dachte, er würde gleich sagen: »Ja, also danke, Andrew. Aber ich kann das nicht.«

Stattdessen sagt er zu mir: »Andrew, ich bin dabei. Ich hab's mal durchgerechnet. Wenn ich nur den Kaffee weglasse, kann ich schon die Hälfte zusammenbekommen.«

Ich sagte zu ihm: »Kumpel, das ist die korrekte Antwort. Das ist die richtige Einstellung. Nicht zu überlegen, warum es nicht geht, sondern wie es doch geht.«

Wenn man so darüber nachdenkt, war Kaffee wahrscheinlich das Einzige, was dem Kerl, einem Ex-Süchtigen, noch geblieben war! Und ganz ehrlich, ich glaube, die wenigsten Leute wären bereit, auf Kaffee zu verzichten. Aber er fühlte sich so stark bewogen, diese letzte Bastion aufzugeben und »Ja« zu etwas zu sagen, das größer ist als er selbst.

Hier war ein Mann, dem vieles erspart geblieben war. Eigentlich hätte er ins Gefängnis gemusst. Das Gefängnis tut keinem gut; die meisten kommen nicht gebessert wieder raus, sondern schlechter als vorher. Aber er hatte das Glück, dass der Richter ihn zu einem Entzug verurteilte. Und in der Reha fand er Jesus.

Heute ist er verheiratet, schuldenfrei und frischgebackener Hausbesitzer, er dient aktiv und er gibt.

Das ist die Art von Herz, nach der Gott Ausschau hält. Das ist das Herz eines wahren Kingdom Builders.

ALLE DINGE

Der wichtigste Bibelabschnitt, den Gott als Grundlage für den Weg der Kingdom Builders gebraucht, ist im Matthäusevangelium zu finden:

> Darum sage ich euch: Sorgt euch nicht um euer tägliches Leben – darum, ob ihr genug zu essen, zu trinken und anzuziehen habt. Besteht das Leben nicht aus mehr als nur aus Essen und Kleidung? Schaut die Vögel an. Sie müssen weder säen noch ernten noch Vorräte ansammeln, denn euer himmlischer Vater sorgt für sie. Und ihr seid ihm doch viel wichtiger als sie. Können all eure Sorgen euer Leben auch nur um einen einzigen Augenblick verlängern? Nein.
>
> Und warum sorgt ihr euch um eure Kleider? Schaut die Lilien an und wie sie wachsen. Sie arbeiten nicht und nähen sich keine Kleider. Trotzdem war selbst König Salomo in seiner ganzen

Pracht nicht so herrlich gekleidet wie sie. Wenn sich Gott so wunderbar um die Blumen kümmert, die heute aufblühen und schon morgen wieder verwelkt sind, wie viel mehr kümmert er sich dann um euch? Euer Glaube ist so klein! Hört auf, euch Sorgen zu machen um euer Essen und Trinken oder um eure Kleidung. Warum wollt ihr leben wie die Menschen, die Gott nicht kennen und diese Dinge so wichtig nehmen? Euer himmlischer Vater kennt eure Bedürfnisse. Macht das Reich Gottes zu eurem wichtigsten Anliegen, lebt in Gottes Gerechtigkeit, und er wird euch all das geben, was ihr braucht. Deshalb sorgt euch nicht um morgen, denn jeder Tag bringt seine eigenen Belastungen. Die Sorgen von heute sind für heute genug.

(Matthäus 6,25-34 NLB)

In Vers 33 sagt Jesus im Grunde: »Vertraut Gott – und all das wird euch gegeben werden.«

Was ist dieses »all das« in meinem Leben?

Als Kingdom Builder sollte ich die beste Ehe führen.

Als Kingdom Builder sollte ich die beste Beziehung zu meinen Kindern haben.

Als Kingdom Builder sollte ich fit und gesund sein.

Warum zähle ich diese drei Punkte auf? Weil sie dazu gehören zu meinem »all das«.

Was ist dein »all das«?

In den Versen vor Vers 33 spricht Jesus über die Dinge, denen die Welt nachjagt. Die Welt will immer nur haben.

Gott aber sucht Menschen, die in ihrem Herzen wissen, dass es in diesem Leben ums Geben geht.

Hier liegt ein Versprechen verborgen: Wenn du Gott an erste Stelle setzt, werden dir alle Dinge gegeben werden. Aber du musst zuerst nach ihm streben, nach Gott. Nicht nach Dingen. Nicht nach materiellen Besitztümern. Nicht nach Reichtum.

Es ist nichts verkehrt an schönen Dingen. Ich mag sie auch.

Aber ich strebe nicht danach.

Gott hat mir beigebracht, dass es in Ordnung ist, schöne Sachen zu besitzen, solange sie nicht mich besitzen.

Und das ist das Schöne an den Kingdom Builders: Wir wissen, dass Gott uns Rückendeckung gibt und für uns da ist. Wir können uns darauf verlassen, dass er unser alles umfassendes Alles ist.

GOTT, MEIN ALLES UMFASSENDES ALLES

In den ersten zehn Jahren meiner beruflichen Laufbahn war ich auf der Jagd nach dem großen Haus, den schönen Autos, dem tollen Leben.

Dabei setzte ich mich an erste Stelle.

Ich war derjenige, der sich um alles kümmerte ...

Ich rackerte schwer ...

Ich hetzte mich ab ...

Ich. Ich. Ich. Ich. Ich.

Ich sah nicht Gott als meine Quelle.

Die große Erleuchtung kam für mich erst, als ich tatsächlich Gott an erste Stelle setzte – erst dann ging alles richtig los.

Über die Jahre hinweg habe ich Gott in einer Weise wirken sehen, die alles übersteigt, was ich hätte erbitten, erdenken oder mir vorstellen können. Ich dachte immer, Epheser 3,20 sei der unsinnigste Vers in der Bibel:

> Gott kann alles tun, wisst ihr – weit mehr, als ihr erbitten, erdenken oder euch in euren kühnsten

Träumen vorstellen könntet! Er tut es nicht, indem er uns herumschubst, sondern indem er, indem sein Geist tief und sanft in uns wirkt.

(Epheser 3,20 MSG)

Wirklich? Weit mehr, als ich erbitten, erdenken oder mir vorstellen könnte?

Wirklich, Gott?

Vor 24 Jahren hatte ich ein Jahresgehalt von 100.000 Dollar, was damals großartig war. Ich wurde gut bezahlt. Ich arbeitete für den größten Installationsbetrieb Australiens und leitete wirklich große Projekte mit 50 Installateuren unter meiner Führung. Ich war ein guter Arbeiter, aber zu denken, dass ich jemals eine Million im Jahr verdienen könnte ...

Eine Million, das war einfach absurd.

Aber eine Million Dollar geben?

Man muss sehr viel mehr als eine Million verdienen, um eine Million geben zu können.

Ich sage dir, im Laufe der Jahre habe ich gesehen, wie Gott versorgt und versorgt und versorgt. Susan und ich haben immer wieder erlebt, wie Epheser 3,20 für uns Realität wurde.

Weißt du, die Welt sucht nach der einen Methode, wie sie das Geheimnis von Segen und Glück entschlüsseln kann. Bibliotheken und Buchläden sind voll von solchen Büchern.

Und ich glaube, als Christen haben wir es geschafft.

Wenn man Gott an erste Stelle setzt, fließt alles andere als Folge davon. Gelegenheiten fließen. Ressourcen

fließen. Der Himmel wird buchstäblich ausgegossen.
In Maleachi 3,6–12 heißt es:

> »Ich bin Gott - ja, Ich Bin. Und ich habe mich nicht geändert. Und weil ich mich nicht geändert habe, nur deshalb gibt es euch immer noch, ihr Nachkommen Jakobs. Es geht ja schon lange so, dass ihr meine Gebote einfach ignoriert. Kehrt um zu mir, damit ich zu euch umkehren kann«, spricht der Herr der Engelsheere.
> »Ihr fragt: ›Umkehren – wie meinst du das?‹
> Indem ihr ehrlich werdet. Würden ehrliche Leute Gott berauben? Ihr aber beraubt mich Tag für Tag.
> Ihr fragt noch: ›Womit sollen wir dich beraubt haben?‹ Ihr beraubt mich mit dem Zehnten und beim Opfer. Ihr jetzt seid unter einem Fluch – ihr alle –, weil ihr mich betrügt. Bringt den vollen zehnten Teil eurer Ernte in den Tempelschatz, damit es in meinem Tempel genügend Vorrat gibt. Stellt mich damit auf die Probe und seht, ob ich euch nicht den Himmel öffne und euch mit Segen überschütte, der eure wildesten Träume übertrifft! Was mich angeht, werde ich euch verteidigen gegen Marodeure, eure Weizenfelder und Gemüsegärten gegen die Plünderer.«
> Das ist das Wort des Herrn der Engelheere.
> »Ihr werdet zum ›glücklichsten aller Völker‹ gewählt. Ihr werdet erleben, was es bedeutet, wenn euer Land ein Land der Gnade ist.«
> Das sagt der Herr der Engelheere
>
> **(Maleachi 3,6-12 MSG)**

Das ist die einzige Stelle in der ganzen Bibel, wo Gott uns bittet, ihn auf die Probe zu stellen. Susan und ich haben es getan. Und weißt du was?

Er hat uns im Geben jedes Mal übertroffen.

Immer und immer wieder hat Gott Segen ausgegossen über uns und unsere Familie.

OFFENBARUNG

Für mich begann die nächste Phase meiner Kingdom-Builders-Reise, als Gott mich dazu berief, andere für die Finanzierung des Reiches Gottes zu gewinnen. Pastor Brian bat mich, dem Ältestenrat der Kirche beizutreten. Das hat mich echt erschreckt.

Ich dachte: Meine Güte, was erwartet er denn von mir, wenn ich Ältester bin?

Also lud ich ihn zum Frühstück ein, und als wir uns hingesetzt hatten, fragte ich ihn.

Ich sagte: »Warum willst du, dass ich ein Ältester werde? Was erwartest du von mir?«

Er sagte: »Nichts. Ich habe dich nicht gebeten, Ältester zu werden, weil ich etwas von dir erwarten würde. Ich habe dich gebeten, Ältester zu werden, wegen dem, was du bereits tust. Und wegen dem, wer du bereits bist. Wenn du nicht weißt, was ich meine, dann habe ich den Falschen gefragt.«

Er war sehr direkt.

Ich wusste, wer ich war. Ich kannte die Berufung auf meinem Leben. Aber ich brauchte ein wenig Zeit, um

Gott zu fragen, was mein nächster Schritt sein sollte.

Wenn es in der Bibel eine Beschreibung dafür gibt, was ein Ältester ist, dann ist es diese: eine geistliche Aufsicht.

Ich sehe die Kingdom Builders als geistliche Angelegenheit. Es geht darum, diese Gruppe von Menschen zusammenzubringen, die das Innere des Kerns bilden, um die Sache Christi zu finanzieren und voranzubringen.

Ich begann, meine Rolle als Ältester in der Hillsong Church klarer zu erkennen. Zunächst schaute ich mir alle unsere Campusse auf der ganzen Welt an. Mir wurde klar, dass wir diese großartigen Kirchen hatten, die Erstaunliches leisteten, aber nicht eine von ihnen hatte Kingdom Builder. Ich fragte mich laut: »Was stimmt nicht mit diesen Pastoren? Warum haben sie keine Kingdom Builders?«

In diesem Moment gingen bei mir die Lichter an.

Gott offenbarte mir, dass es in diesen Kirchen keine Kingdom Builders gab, weil ich die Botschaft noch nicht zu ihnen gebracht hatte. Ich hatte sie noch nicht öffentlich gemacht. Da wusste ich, was meine Berufung und Mission als Ältester war.

Spulen wir ein paar Monate vor, zu einer Hillsong-Konferenz. Für Pastor Brian ist es die geschäftigste Woche des Jahres. Dreißigtausend Menschen, und alle wollen ein paar Minuten von seiner Zeit haben. Am Ende bekomme ich 30 Minuten persönliches Gespräch bei einem weiteren Kaffee.

Und ich sage zu ihm: »Ich glaube, ich weiß, warum es in unseren Kirchen noch keine Kingdom Builders gibt.«

Er antwortet: »Und weshalb gibt es noch keine, Andrew?«

Ich sage: »Weil ich es noch nicht auf den Weg gebracht habe. Ich glaube, das ist meine Rolle.«

Und weißt du, was er geantwortet hat?

»Ich denke, du hast recht. Leg los.«

Das Lustige daran ist, dass Pastor Brian mir einige Jahre später sagte, er habe damals nicht gedacht, dass ich es hinbekäme. Er wusste nicht, wie ich es anstellen könnte. Ich wusste es auch nicht. Aber ich wusste, dass ich losziehen und meine Geschichte erzählen konnte.

Und das war der Auslöser.

DER STOCKHOLM-GLÜCKSFALL

Ich stehe am Mikrofon. Heute starten die Kingdom Builders auf unserem Campus in Stockholm. Ich spreche über Matthäus 6,33 und in der ersten Reihe fängt eine Frau an zu schluchzen. Sie steht auf und verlässt den Raum.

Nach dem Meeting sagt der Pastor zu mir: »Es gibt da einen wichtigen Mann namens Henry. Ich würde mich freuen, wenn du ihn heute Abend zum Essen einladen könntest.«

Also stellt er mir den Mann vor, und es ist der Typ, der neben der Frau gesessen hat, die sich die Augen ausgeheult hatte.

Ich denke im Stillen: Gott, willst du mich auf den Arm nehmen?

Laut sage ich: »Hallo Henry, schön, Sie kennenzulernen. Wer ist die blonde Dame, die während des Meetings neben Ihnen saß?«

Er sagt: »Das ist meine Frau.«

Und ich sage: »Ich gehe nur mit Ihnen essen, wenn sie auch mitkommt.« Ich denke, dass es in solchen Situationen immer wichtig ist, sowohl mit dem Ehemann als auch mit der Ehefrau zu sprechen.

Er sagt: »Okay.«

Beim Abendessen sagt Henry: »Für den Monat vor dem Start der Kingdom Builders hatte Gott uns gesagt, wir sollten fasten. Und an jedem einzelnen der letzten dreißig Tage haben wir Matthäus 6,33 gelesen. Als Sie also mit diesem Vers ankamen, hat uns das einfach umgehauen.«

Dann blickt er mir direkt in die Augen und sagt: »Wir sind dabei.«

Über die Jahre wurde er zu meinem wichtigsten Protegé bei Kingdom Builders. Er ist auf eigene Kosten um die ganze Welt geflogen. Er hat mein Gepäck getragen. Er hat in Hunderten von Einzelgesprächen mit Paaren zusammengesessen. Er hat wie ein Schwamm alles in sich aufgesogen.

Erst dieses Jahr reiste er mit mir nach Amsterdam, und ich sagte zu ihm: »In Ordnung, Kumpel. Du sprichst heute Abend. Die ersten zehn Minuten bist du dran.«

Er und seine Frau waren das erste Paar außerhalb Australiens, die es »kapiert« haben.

GOTT, DEIN ALLES UMFASSENDES ALLES

Einige werden dies lesen und wahrscheinlich denken: »Das ist großartig, Andrew. Was für eine schöne Geschichte. Doch in meinem Leben geht Gott nicht auf diese Weise vor.«

Tut er das nicht? Bist du sicher? Ich möchte dich darauf hinweisen, dass du diese Schwelle vielleicht noch nicht überschritten hast, wo du Gott zutraust, dein alles umfassendes Alles zu sein. Vielleicht ist er dein »Alles« minus ein oder zwei Dinge ...

Entscheide dich für ihn als:

Deine Quelle.

Dein Alles.

Und weißt du, warum Gott sich in deinem Leben nicht auf diese Weise zeigt?

Du versuchst immer noch, es auf eigene Faust zu schaffen. Du versuchst immer noch, Dinge selbst zu lösen. Du kämpfst und handelst immer noch aus eigener Kraft.

Es wird nie funktionieren, wenn du versuchst, es allein hinzubekommen.

Es bedarf nämlich der Kapitulation. Was schon irgendwie witzig ist. Denn wenn jemand kapituliert, streckt er für gewöhnlich beide Arme in die Luft. Genau wie bei der Anbetung, wenn man beide Hände hebt.

Und wenn man beide Hände erhoben hat, kann man sich an nichts mehr festhalten. Man kann sich nicht wehren, nicht kämpfen. Man kann sich nicht an den Dingen dieser Welt festhalten.

Du musst dann einfach auf Gott vertrauen.

Ihm erlauben, dein alles umfassendes Alles zu sein.

Genau darum geht es bei den Kingdom Builders. Vergiss nicht, es ist eine Herzensangelegenheit.

Verehrung oder Anbetung – worship – bedeutet wörtlich »von höchstem Wert«. Man muss sich also fragen: »Ist Gott die Nummer eins in meinem Leben? Ist er von höchstem Wert für mich?«

Wie du diese Frage beantwortest, ist bestimmend für alles in deinem Leben. Anbetung ist nicht nur Lieder singen und sonntags im Gottesdienst am Mikro stehen.

Nein.

Anbetung heißt, alles aufgeben und dafür Gottes allumfassendes Alles bekommen.

Als Susan und ich diese Grenze überschritten und ich Gott endlich das Feld überließ, änderte sich alles. Wenn wir das konnten, kannst du es auch.

DIENEN UND SPRECHEN

Ich habe weiterhin in der Kirche gedient. Bei der Hillsong-Konferenz war es meine Aufgabe, die Gastredner durch die Stadt und zu ihren Hotels zu fahren. Ich wurde ausgewählt, dieses Ehepaar aus Südafrika, die Pastoren André und Wilma Olivier, zu chauffieren. Wie sich herausstellte, haben sie in Südafrika eine große Kirche mit mehreren Campussen.

Meistens sind es Studenten an unserem Bibel-College, die sich für den Konferenz-Fahrdienst melden. Ich war natürlich viel älter, und als André und Wilma in mein Auto stiegen, verstanden wir uns auf Anhieb. Ich fuhr sie sieben oder acht Jahre lang, wenn sie zur Konferenz nach Sydney kamen; im Laufe der Jahre sind wir Freunde geworden.

Eines Tages erhielt ich eine E-Mail von Andrés Assistentin, eine Einladung, in ihre Kirche zu kommen und an ihrem »Gifted Givers«-Wochenende zu sprechen. Flug und Unterkunft wollten sie übernehmen.

Ich war total baff. Also rief ich André an: »Ist das euer Ernst?« Er sagte: »Andrew, ich kenne deine Geschichte. Du hast etwas mitzuteilen. Und ich will, dass meine Leute es hören.«

Ich sagte nur: »Oh, okay. Ich komme.«

Ich erzählte es Susan und sie sagte: »Ich komme mit.« Also buchte ich für sie ein Ticket und wir flogen hin.

Das war das erste Mal, dass ich als Gastredner meine Geschichte erzählte. Vor dem Vortrag fühlte ich mich richtig krank, so aufgeregt war ich. Mein Mund war total trocken, in den vierzig Minuten Redezeit muss ich bestimmt zwei Liter Wasser getrunken haben.

Aber es hat die Leute wirklich gepackt. So sehr, dass André mich am Sonntag in allen fünf Gottesdiensten zu dem Thema befragte. Und nicht nur das, er nahm Susan und mich auf eine dreitägige Safari mit, um uns dafür zu danken, dass wir die Reise unternommen und unsere Geschichte erzählt hatten.

Dann tat Gott etwas, das für mich einfach unglaublich war: Sie überreichten mir ein Honorar dafür, dass ich seiner Gemeinde meine Geschichte mitgeteilt hatte.

Ich war völlig sprachlos.

Gott, machst du Scherze?

Ich wäre unentgeltlich gekommen; aber ich glaube, Gott wollte mir bestätigen, dass ich auf dem richtigen Weg war. Als sie mir den Umschlag überreichten, fragte ich: »Was ist das?«

Sie sagten: »Das ist dein Honorar.«

Ich hatte das nicht erwartet und dachte: Das ist echt verrückt!

Als ich sah, wie berührt die Menschen von meiner Geschichte waren, wurde mir klar: »Andrew, das ist es, wozu du berufen bist. Genau das.«

Und die Leute taten nicht nur so. Gott ging in ihrem Leben richtig zur Sache. Genau wie Susan und ich hörten auch sie den Ruf, das Reich Gottes zu finanzieren.

Da wusste ich: Das ist jetzt mein nächster Schritt – Gott sagte mir, ich solle weiterhin geben, aber die nächste Phase meines Lebens sollte ich der Gewinnung weiterer Geber widmen. In aller Welt.

WIE SCHAUT'S MIT DIR AUS?

Woran klammerst du dich noch?

Was kommt bei dir vor Gott?

Was hält dich davon ab, mit ihm aufs Ganze zu gehen, »all-in«?

Was auch immer es ist ...

Dein Ego.

Deine Karriere.

Irgendwelches Zeug.
Was auch immer:
Es wird dich nie zufriedenstellen.
Niemals.
Denn in deinem Leben kann es nur einen wahren Gott geben.

ES GEHT NICHT UMS GELD

Thema Nummer eins in der Kirche sind heutzutage die Finanzen.

Innerhalb der Christenheit hat der Teufel großartige Arbeit geleistet und viel Verwirrung gestiftet, wenn es um Finanzen geht.

Warum?

Weil er die Wahrheit kennt.

Er weiß, dass sein Job Geschichte ist, sobald die Kirche begreift, was sie wirklich in der Hand hat.

Man braucht sich nur anzuschauen, was die Hillsong Church mithilfe von nur einem Prozent der Gemeinde erreicht hat!

Was wäre, wenn der Anteil der Kingdom Builders auf 10 Prozent aller Hillsong-Geber anwachsen würde? Was, wenn er auf 20 Prozent steigen würde? Kannst du dir vorstellen, wie viele Leben verändert, Gemeinden gegründet, Gemeinschaften umgestaltet werden könnten?

Kannst du dir das wirklich vorstellen?

Geld ist der Dreh- und Angelpunkt.

Kürzlich sprach ich in einer Kirche in Perth über die Kingdom Builders. Ich war bei meinem letzten Einzelgespräch mit einem Ehepaar, das gekommen war, um mich sprechen zu hören. Am Morgen war es noch die Frau gewesen, die ihren Mann zu meinem Vortrag hatte mitschleppen müssen; doch dann war er es, der so von den Socken war, dass er sagte: »Diesen Typen müssen wir unbedingt kennenlernen!«

Wir setzen uns hin und er fängt an zu strahlen. Bisher hatte er nämlich die Lüge geglaubt, die Kirche wolle nur sein Geld. Aber die Kirche will dein Geld nicht.

Nein.

Die Kirche möchte, dass du dein Herz mit Gott in Einklang bringst. Wenn du dein Herz in die richtige Haltung gebracht hast, wirst du auch geben; aber das ist nur eine Nebenwirkung, wenn das Herz verändert wird.

Erinnere dich: Kingdom Builder zu sein, ist eine Herzensangelegenheit!

Ich weiß, wo immer ich aufstehe, um zu sprechen, werde ich jemandem begegnen wie diesem Ehemann in Perth, jemandem mit einer falschen Einstellung zum Geld. Und ich weiß, was Gott von mir erwartet: dass ich diese Lüge, die der Teufel verbreitet, entkräfte. Ich möchte, dass der Heilige Geist diese Leute mit der Wahrheit genau ins Herz trifft.

Die Wahrheit ist ganz einfach: Wenn du erkennst, wie gesegnet du bist, dann kannst du nicht anders, als andere zu segnen. Man kann nicht anders, als zu geben.

VON DABEI SEIN ZU »ALL-IN« SEIN

Ich schätze, dass 99 Prozent der Leute, die Kingdom Builder sind, bereits in irgendeinem Bereich der Kirche dienen. Sie sind schon dabei.

Wenn ich auftauche und meine Geschichte erzähle, dann helfe ich ihnen lediglich, ihr Dabeisein zu einem »All-in« zu machen und aufs Ganze zu gehen.

Früher habe ich das nicht so recht auf die Reihe gekriegt. Sicher, ich habe gedient. Und ja, ich habe den Zehnten gegeben. Aber ich sah Gott nicht als meine alleinige Quelle.

Gott sagt: »Willst du die Hand heben?«

Er fragt uns: »Wie viel soll durch dich durchfließen können?«

Der Segenshahn ist nämlich voll aufgedreht – aber wir bestimmen, wie viel von Gottes Segen in unser Leben strömt. Genau diese Art von Glauben ist ein »All-in«-Glaube.

Das Markusevangelium erzählt die Geschichte einer Begegnung Jesu mit einem reichen jungen Mann, der zu ihm kommt und das Geheimnis des ewigen Lebens erfahren will:

> Als Jesus weitergehen wollte, lief ein Mann auf ihn zu, warf sich vor ihm auf die Knie und fragte: »Guter Lehrer, was muss ich tun, um das ewige Leben zu bekommen?«
> Jesus entgegnete: »Weshalb nennst du mich gut? Es gibt nur einen, der gut ist, und das ist

Gott. Du kennst doch seine Gebote: Du sollst nicht töten! Du sollst nicht die Ehe brechen! Du sollst nicht stehlen! Sag nichts Unwahres über deinen Mitmenschen! Du sollst nicht betrügen! Ehre deinen Vater und deine Mutter!«

»Lehrer«, antwortete der junge Mann, »an all das habe ich mich von Jugend an gehalten.«

Jesus sah ihn voller Liebe an: »Etwas fehlt dir noch: Geh, verkaufe alles, was du hast, und gib das Geld den Armen. Damit wirst du im Himmel einen Reichtum gewinnen, der niemals verloren geht. Und dann komm und folge mir nach!«

Als er das hörte, war der Mann tief betroffen. Traurig ging er weg, denn er besaß ein großes Vermögen.

Da schaute Jesus seine Jünger an und sagte zu ihnen: »Wie schwer ist es doch für Menschen, die viel besitzen, in Gottes Reich zu kommen!« Seine Jünger waren über diese Worte erschrocken, aber Jesus betonte noch einmal: »Ja, ihr Lieben, wie schwer ist es doch, in Gottes Reich zu gelangen! Eher geht ein Kamel durch ein Nadelöhr, als dass ein Reicher in Gottes Reich kommt.«

Darüber waren die Jünger noch mehr entsetzt, und sie fragten sich: »Wer kann dann überhaupt gerettet werden?«

Jesus sah sie an und sagte: »Für Menschen ist es unmöglich, aber nicht für Gott. Für ihn ist alles möglich!«

Jetzt fragte Petrus: »Aber wie ist es nun mit uns? Wir haben doch alles aufgegeben und sind mit dir gegangen.«

Jesus antwortete: »Ich versichere euch: Jeder, der sein Haus, seine Geschwister, seine Eltern, seine Kinder oder seinen Besitz zurücklässt, um mir zu folgen und die rettende Botschaft von Gott weiterzusagen, der wird schon hier auf dieser Erde alles hundertfach zurückerhalten: Häuser, Geschwister, Mütter, Kinder und Besitz. All dies wird ihm – wenn auch mitten unter Verfolgungen – gehören und außerdem in der zukünftigen Welt das ewige Leben. Viele, die jetzt einen großen Namen haben, werden dann unbedeutend sein. Und andere, die heute die Letzten sind, werden dort zu den Ersten gehören.«

(Markus 10,17-31 HFA)

Hier ist die unbequeme Wahrheit: »All-in« zu gehen, wird dich etwas kosten.

Die Zusage Gottes ist jedoch, dass du das, was du aufgibst, um ein Vielfaches vermehrt zurückerhältst.

Susan und ich haben es in unserem eigenen Leben gesehen.

Und ich habe gesehen, wie Gott es unzählige Male im Leben anderer Kingdom Builders auf dem ganzen Planeten getan hat.

Sei also nicht wie der reiche junge Mann, der nicht alles aufgeben konnte. Vertraue stattdessen Gott, dass er dein alles umfassendes Alles ist, und beobachte, was passiert.

DIE WAHRHEIT ÜBER FINANZEN

Im Jahr 1996 nahmen die Kingdom Builders ihren Anfang. Die Hillsong Church existierte damals seit vierzehn Jahren, mit einem australischen Campus. Nichtsdestotrotz war Hillsong schon damals weltweit für ihre Musik bekannt. Heute sind wir eine globale Kirche mit lokalem Einfluss in New York, Los Angeles, London, Stockholm, Moskau, Barcelona, Buenos Aires und vielen anderen Städten in aller Welt.

Ich persönlich bin davon überzeugt, dass einer der Hauptgründe für diese Ausbreitung die Kingdom Builders sind.

Bei den Kingdom Builders geht es um die zusätzliche Opfergabe. Sie war buchstäblich der entscheidende Faktor für den weltweiten Ausbau der Hillsong Church.

Die Erfahrung hat mir gezeigt, wenn jemand nicht großzügig sein kann, solange er nur wenig hat, wird er auch nicht großzügig sein, wenn er viel besitzt.

Auf der ganzen Welt haben mir Leute gesagt: »Wenn ich finanziell dieses Level erreiche, dann werde ich ein Kingdom Builder.«

Ich kann dir versichern: Wenn sie so weit sind, werden sie trotzdem nicht geben.

Warum?

Weil es dann ein noch viel größerer Betrag wäre.

Doch in Wahrheit sind Finanzen nicht begrenzt. Aber so viele Menschen glauben, sie wären es, und deshalb leben sie kein großzügiges Leben.

Vielleicht geht es auch dir so.

Vielleicht kennst du die Wahrheit über Finanzen nicht.

Vielleicht ist dir nicht klar, dass Gott den Hahn voll aufgedreht hat und Ausschau hält nach Menschen, die bereits ein großzügiges Leben führen. Denn dann kann er darauf vertrauen, dass sie weiterhin im richtigen Verhältnis geben.

Du hast wahrscheinlich nicht viel, weil man dir nicht mehr anvertrauen kann.

Eine weitere Lüge, die der Teufel dich glauben machen will, ist die, dass man reich sein muss, um zu geben.

Bei den Kingdom Builders geht es nicht um gleiches Geben; es geht um gleiches Opfer. Es geht nicht um die Höhe des Schecks, den du ausstellst; es geht um die Größe des Opfers, das du bringst. Ein Einzelverdiener, der eine Familie versorgen muss, kann genauso einen Scheck ausstellen, der für ihn ein Opfer bedeutet, wie der Eigentümer eines großen Unternehmens. Zu glauben, dass es hier um Beträge geht, ist ein Trugschluss.

Das ist die Art von Verwirrung, die der Teufel in deinem Denken stiften will.

Ein gleichwertiges Opfer bedeutet ausgeglichene Rahmenbedingungen. Die Geldbeträge selbst sind belanglos.

Gott wird dich im Kleinen prüfen und dir erlauben, im Kleinen treu zu sein. Er wird dir etwas mehr anvertrauen und dir erlauben, mit mehr treu zu sein. Dann wird er dir viel anvertrauen und dir erlauben, auch damit treu umzugehen.

DER PLAN DES TEUFELS

Der Teufel hasst es, dich erfolgreich zu sehen. Er wird alles tun, was er kann, um dich abzulenken, zu enttäuschen und im Zaum zu halten.

Sein letztendliches Ziel ist es, dich umzubringen.

Der Teufel hat herausgefunden, dass das bei Christen am einfachsten geht, indem man sie eingrenzt. Und das wiederum geht am sichersten über die Finanzen.

Wenn du dich mit deinen Begrenzungen zufriedengibst ...

Wenn du nichts bewirkst ...

Wenn du nicht an Boden gewinnst ...

Wenn du keine Glaubensschritte unternimmst ...

Dann braucht der Teufel dich in deiner sicheren, kleinen Welt nicht zu stören. In deinem bequemen, kleinen Leben.

Darf ich dir den erschreckendsten Zustand nennen, in dem ein Christ sein kann? Der schaurigste Zustand eines Christen ist der, wenn er es sich bequem und gemütlich gemacht hat.

Und, vertrau mir, ich weiß es. Ich kann das mit Überzeugung sagen, denn so war ich – 31 Jahre lang. Bis ich beschloss, diesem Zustand ein Ende zu machen.

Ich weiß nicht, wie es dir geht, aber ich will mich nicht vom Teufel einengen lassen. Ich will kein sicheres, kleines Leben führen. Ich will mich nicht zur Ruhe setzen.

Nein.

Ich möchte ein Leben führen, in dem Gott sich zeigen muss. Ich möchte empfangen, was er mir versprochen hat. Ich möchte ein »All-in«-Leben führen, das mich unter Spannung hält.

Die Bibel lehrt uns, dass der Teufel einen Plan hat, der darauf abzielt, zu rauben, zu töten und uns zu zerstören. Aber die gute Nachricht ist, dass Gottes Plan darin besteht, uns ein Leben im Überfluss zu schenken – ein Leben voller Gnade und Versorgung (siehe Johannes 10,10). Also überleg dir, nach wessen Plan du leben willst.

ERWECKUNG

Die Kirche erlebt derzeit in der ganzen Welt eine Erweckung.

Ich habe es mit meinen eigenen Augen gesehen.

Menschen erwachen für Gottes Plan für ihr Leben. Sie dienen, geben und opfern, um das Reich Gottes voranzubringen.

Und du hast die Gelegenheit, ein Teil von Gottes Plan zu sein. Ein Kingdom Builder zu sein.

Gott hat mich gelehrt, dass es bei Erweckung nicht um Versammlungen geht. Erweckung, das sind nicht irgendwelche Aktivitäten. Es geht auch nicht darum, Menschen in Begeisterung zu versetzen.

Gott hat mir gezeigt, dass es bei der Erweckung um die Herzen der Einzelnen geht. Und der einfachste Weg, um festzustellen, wie es im Herzen eines Menschen aussieht, ist der, dass man sich die Frucht seines Lebens anschaut.

Jesus sagt dreierlei über diejenigen, die ihm vertrauen – seine wahren Jünger:

Man erkennt sie daran, dass sie seiner Lehre gehorchen.

Man erkennt sie an ihrer Liebe füreinander.

Und man erkennt sie an der Frucht in ihrem Leben.

Erweckung heißt: Dein Herz kapituliert, es gibt sich voll hin und es wird von der wahren Quelle völlig umgestaltet.

Was sagt die Frucht deines Lebens über deinen Glauben aus? Vergiss nicht: Bei Kingdom Builders geht es ums Herz. Es geht darum, ein großzügiges Leben zu führen. Ein Segen zu sein, weil du gesegnet worden bist. Es geht nicht um Finanzen.

Es geht darum, aus dem Überfluss heraus zu geben.

Opferbereit zu geben.

Geben, ohne Bedingungen zu stellen.

Wenn du dieses Konzept und diese Wahrheit erfasst, wirst du die Hand heben. Du wirst ein größerer Kanal für Gottes Segen werden. Und dein Leben wird sich radikal verändern.

Die Menschen werden deutlich erkennen, dass sich bei dir etwas verändert hat.

Das Wort Erweckung bedeutet buchstäblich »wieder zu leben«.

Die Menschen werden den Gehorsam, die Liebe und die Frucht in deinem Leben sehen. Du wirst wieder vollkommen lebendig sein. Vollständig Gott gehören. Und dein Leben wird von Großzügigkeit geprägt sein.

PRIORITÄTEN UND PLANUNG

Meine Prioritäten änderten sich, als Gott Zugang zu meinem Herzen bekam.

Nichts in meinem Leben bedauere ich mehr, als die Jahre verpasst zu haben, in denen meine Kinder noch klein waren. Ich habe mich damals aus eigener Kraft wie ein Verrückter abgerackert und dabei ignoriert, dass ich zuallererst Ehemann und Vater war.

Heute folge ich Gott und schaffe es durch Gebet und Disziplin, montags und mittwochs nicht zur Arbeit zu gehen. Den Montag verbringe ich mit Susan. Und den Mittwoch verbringen wir mit unserem Enkel Dallas. An diesen beiden Tagen arbeite ich nicht. Ich habe beschlossen, sie für die Familie zu reservieren.

Ich werde nicht noch einmal den gleichen Fehler machen.

Warum nicht?

Weil sich meine Prioritäten verschoben haben.

Alles, was ich jetzt tue, geschieht aus einer bestimmten Absicht heraus.

Und meine Absicht ist es, das Reich Gottes zu finanzieren.

Um das zu tun, und um es gut zu machen, muss ich mein Leben in Ordnung halten. Ich muss Gott stets an erster Stelle lassen. Ich muss mich um meine Familie kümmern. Ich muss Entscheidungen treffen, die im Einklang stehen mit meiner Person und meinen Überzeugungen.

Das sieht für jede Person und jede Familie anders aus, und wir alle befinden uns in unterschiedlichen Lebensphasen und unterschiedlichen Umständen. Aber wir alle müssen Prioritäten setzen und entsprechend planen.

DENTONS VIER REGELN

Täglich. Bewusst. Diszipliniert. Entscheiden.

Täglich bedeutet: Wenn du deine Bestimmung kennst, wenn du auf einer Mission bist, dann ist das rund um die Uhr der Fall, 365 Tage im Jahr.

Es gibt keine freien Tage.

Dies ist dein einziges Leben. Dann zeigt alles was du tust, wer du wirklich bist.

Es gibt keine Work-Life-Balance. Wenn du deine Bestimmung lebst, dann bist du, wer du bist. Ganz gleich, wo du in deinem Leben stehst, lebst du jeden Tag vollkommen lebendig und ganz in deiner Bestimmung.

Bewusst. Was bedeutet das für mich?

Bewusst bedeutet: mit voller Absicht. Bewusst bedeutet, dass ich proaktiv handle, nicht reaktiv. Bewusst bedeutet, dass ich mein Leben gestalte und die Gestaltung nicht jemand anderem überlasse. Bewusst bedeutet: Ich plane meinen Tag, meine Woche, meinen Monat, mein Jahr und die nächsten fünf Jahre meines Lebens.

Es bedeutet, dass ich mich nicht von den Dingen überrollen lasse. Stattdessen strebe ich bewusst danach, gemeinsam mit Gott ein Leben zu gestalten, das ihm gefällt und ihn ehrt.

Ich spreche von jeder Facette meines Lebens – nicht nur von meinem Unternehmen, sondern auch von meiner Familie und meinen Freundschaften. Ich strukturiere alles um mein Ziel herum.

Wenn ich keinen Plan habe, wird das Leben einfach passieren und von einem Desaster zum nächsten springen.

Im Laufe der Jahre habe ich festgestellt, dass es eine Menge Leute gibt, die wirklich gut darin sind, Dinge auszuarbeiten, aber an irgendeinem Punkt verzetteln sie sich. Sie bleiben an den falschen Dingen hängen.

Es geht nicht um den Plan an sich. Es geht in erster Linie darum, welches Ziel dieser Plan verfolgt.

Nimm zum Beispiel meine Gesundheit. Ich hasse Training, aber ich trainiere dennoch. Ich habe mich für das Radfahren entschieden, weil es in vielerlei Hinsicht gut für mich ist. Es stärkt den Gemeinschaftssinn und das Verantwortungsbewusstsein. Wenn Sport zusammen mit Freunden ansteht, gehe ich sehr überlegt vor.

Wenn du dich mit Radfahren auskennst, weißt du, dass du deine Strecke planen musst, du musst deine Herzfrequenz kennen und du musst wissen, was du essen solltest, damit du genügend Kalorien zu verbrennen hast. Wenn all das feststeht, beginnt die Disziplin am Abend vorher.

Am Vorabend muss ich mein Fahrrad überprüfen – ob es fahrbereit ist, ob die Batterien meiner Beleuchtung aufgeladen, die Reifen aufgepumpt sind. Ich muss meine Kleidung raussuchen und meine Fahrradausrüstung zusammenpacken und den Wecker auf fünf Uhr früh stellen.

Diszipliniert: Das ist der Kern des Ganzen – ich muss zeitig zu Bett gehen.

Wenn das tägliche, bewusste und disziplinierte Vorgehen ineinandergreift, kann ich, wenn mein Wecker klingelt, eine Entscheidung treffen, eine weise *Entscheidung*: aus dem Bett aufzustehen, auf mein Fahrrad zu steigen und loszuradeln.

Wenn ich mich am Abend zuvor nicht vorbereitet hätte, würde ich mein persönliches Gesundheitsziel nicht erreichen. Was würde ich tun, wenn ich morgens aufwachte, mich am Abend zuvor nicht vorbereitet hätte und mein Reifen platt wäre?

Ich würde einfach wieder ins Bett gehen. Warum?

Weil alles andere zu kompliziert wäre.

Aber wenn ich aufstehe und alles in Ordnung ist, kann ich schnell meine Klamotten überwerfen und schon bin ich zur Tür hinaus – alles ganz easy.

Die Lektion für dich lautet: Erledige die notwendige Vorarbeit, dann kannst du dein Leben bewusst gestalten ohne Wenn und Aber.

Die vier Regeln – täglich, bewusst, diszipliniert,

entscheiden – helfen, weise Entscheidungen zu treffen und keine dumme.

Die Bibel sagt ganz klar, dass Weisheit das Wichtigste ist und dass Weisheit besser ist als Reichtum – also bei allem Streben, strebe zuerst nach Weisheit.

Bis jetzt habe ich dir etwas von meiner Weisheit mitgeteilt. Es ist meine Weisheit, weil ich sie gelebt habe; aber für dich, den Leser, ist sie nur Wissen, das du erst umsetzen musst! Hier kommt Disziplin ins Spiel. Disziplin ist der Schlüssel, der Wissen zu Weisheit macht!

URLAUB MIT DER FAMILIE

Bei der Planung von Familienurlauben bin ich genauso fokussiert. Vor 24 Jahren, nachdem ich 8 Jahre lang unermüdlich gearbeitet hatte, habe ich beschlossen, nie wieder einen Urlaub zu beenden, ohne den nächsten Urlaub zu buchen.

Mir fiel damals nämlich auf, dass die einzigen wirklichen Erinnerungen an unser Familienleben alle mit Urlauben und Feiertagen zu tun hatten. Montag bis Freitag gab es nur den täglichen Trott. Zwar sind da ein paar eingestreute Erinnerungen – der eine oder andere Geburtstag, hier und da ein Jahrestag – , aber das Wichtigste für uns sind die Ferienzeiten gemeinsam mit der Familie.

Bis heute versuchen Susan und ich, so oft es geht, gemeinsam Familienurlaub zu machen. Wir planen ihn gemeinsam und wir buchen ihn gemeinsam.

Warum?

Weil wir ein bewusstes Leben führen wollen.

Die Quintessenz dieser vier Regeln – täglich bewusst diszipliniert entscheiden – ist folgende: Man lebt nur einmal. Vertue diese Chance nicht.

Früher bin ich einfach durchs Leben gestolpert. Jetzt lebe ich bewusst.

DIE NÖTIGE SORGFALT

Jesus erzählt im Lukasevangelium eine Geschichte. Es geht darin um das Berechnen der Kosten, die damit verbunden sind, Jesus zu folgen:

> Eine große Menschenmenge begleitete Jesus. Er wandte sich um und sagte zu ihnen: »Wer mir nachfolgen will, muss mich mehr lieben als Vater und Mutter, Frau und Kinder, Brüder und Schwestern – ja, mehr als sein Leben. Sonst kann er nicht mein Jünger sein. Und ihr könnt auch nicht meine Jünger sein, wenn ihr nicht euer Kreuz auf euch nehmt und mir nachfolgt.
>
> Aber kommt nicht, ehe ihr nicht die Kosten berechnet habt. Denn wer würde mit dem Bau eines Hauses beginnen, ohne zuvor die Kosten zu überschlagen und zu prüfen, ob das Geld reicht, um alle Rechnungen zu bezahlen? Sonst stellt er vielleicht das Fundament fertig, und dann geht ihm das Geld aus. Wie würden ihn da alle auslachen! Sie würden sagen: ›Das ist der, der mit dem Bau eines Hauses angefangen hat und dann nicht

genug Geld hatte, es fertigzustellen!‹

Oder welcher König käme je auf den Gedanken, in den Krieg zu ziehen, ohne sich zuvor mit seinen Beratern zusammenzusetzen und zu erörtern, ob seine Armee von zehntausend Soldaten stark genug ist, die zwanzigtausend Soldaten zu besiegen, die gegen ihn aufmarschieren? Wenn er dazu nicht in der Lage ist, wird er dem Feind, wenn dieser noch weit weg ist, Unterhändler entgegenschicken und versuchen, einen Frieden auszuhandeln.

Genauso kann auch niemand mein Jünger sein, ohne alles für mich aufzugeben.«

(Lukas 14,25-33 NLB)

Weißt du, viele Christen glauben, sie wären Geber, sind es aber nicht. Vielleicht bist auch du einer von ihnen.

Der Zehnte macht dich nicht zum Geber.

Mit dem Zehnten bringst du Gott nur, was ihm ohnehin gehört.

Ich sage es noch einmal: Es ist die darüber hinaus gehende, zusätzliche Opfergabe, die einen zum Geber macht.

Der Kern dessen, worüber Jesus hier spricht, ist die Berechnung der Kosten. Das disziplinierte Leben. Bewusst zu leben. Und weise Entscheidungen zu treffen. Besonders in finanzieller Hinsicht.

Dies ist von größter Wichtigkeit, wenn du ein Kingdom Builder sein willst.

Mein Pastor Brian spricht davon, gewagt zu geben, nicht davon, dumm zu geben. Es geht um gebührende

Sorgfalt in geschäftlichen Dingen, die uns wohlkalkulierte Entscheidungen treffen lässt

Vor einer geschäftlichen Entscheidung recherchiere ich gründlich. Ich mache meine Hausaufgaben, denn ich will eine fundierte Entscheidung treffen. Sobald ich über mindestens 75 Prozent der Informationen verfüge, fühle ich mich sicher genug, um zu handeln; denn wenn man wartet, bis man 100 Prozent erreicht hat, ist es zu spät. Man hat die Gelegenheit verpasst. Andererseits trifft man keine Entscheidung mit nur 7,5 Prozent der benötigten Informationen; das wiederum wäre dumm.

Die meisten Christen wollen erst zu 100 Prozent informiert sein, damit sie auch wirklich eine gut durchdachte Entscheidung treffen.

Ich habe im Laufe der Jahre so viele wohlmeinende Christen gesehen, die dumme Entscheidungen getroffen haben, Leute, die sagen: »Ich will 1.000.000 Dollar an die Kirche spenden« – aber sie verdienen nur 100.000 Dollar im Jahr. Das ist einfach dumm. Dummheit honoriert Gott nicht.

Gott würdigt Treue.

Deshalb sage ich den Leuten, sie sollen die 75 Prozent versprechen und darauf vertrauen, dass Gott die letzten 25 Prozent beisteuert. Versprich nichts, von dem du glaubst, 7,5 Prozent abdecken zu können, in der Erwartung, dass Gott die restlichen 92,5 Prozent abdeckt.

Das ist kein Glaube. Das ist Realitätsverleugnung.

WIR DIENEN EINEM VERTRAUENSWÜRDIGEN GOTT

In den acht Jahren, die zwischen dem ersten Scheck über 5.000 Dollar und dem über 1 Million Dollar lagen, hat Gott sich immer wieder als zuverlässig handelnd erwiesen.

Erzähle mir also nicht, der Gott, dem wir dienen, wäre nicht vertrauenswürdig!

Als Susan und ich beschlossen, Gott voll und ganz zu vertrauen, »all-in« zu gehen, mussten wir einige glaubensträchtige Entscheidungen treffen.

Gott beweist mir nun schon seit 24 Jahren, dass er vertrauenswürdig ist. Ich glaube, wir sehen nur einen ganz kleinen Teil des Ganzen. So oft schon hat Gott sich bewiesen – auch wenn ich nicht immer weiß, wie er es letztendlich handhaben wird.

Früher machte ich mir Sorgen, war oft angespannt. Aber jetzt, viele Jahre später, weiß ich, dass Gott es immer schafft. Ich habe so viele Umstände erlebt, in denen es katastrophal aussah, und dann tauchte Gott auf. Immer und immer wieder.

Und wenn Gott sich in meinem und Susans Leben zeigt, wird er sich – daran glaube ich fest – auch in deinem Leben zeigen.

Aber du musst Glaubensschritte wagen. Du musst mit ihm »all-in« gehen.

Du darfst nicht versuchen, die Dinge aus eigener Kraft zu tun.

Mit deiner eigenen Stärke.

Im Alten Testament gibt es einen großartigen

Abschnitt; er fasst alles zusammen, was ich hier sagen möchte:

> Der Herr sagt: »Der Weise soll sich nicht wegen seiner Weisheit rühmen, der Starke nicht wegen seiner Stärke und der Reiche nicht wegen seines Reichtums. Grund sich zu rühmen hat nur, wer mich erkennt und begreift, was ich will. Denn ich bin der Herr, der Liebe, Recht und Treue auf der Erde schafft! An Menschen, die sich danach richten, habe ich Freude.«
>
> **(Jeremia 9,23-24 GNB)**

Das ist die Art von Leben, zu der Gott dich beruft, wenn du ein Kingdom Builder sein willst. Ein Leben, in dem dein Zeugnis – deine Geschichte als solche – von der Tatsache handelt, dass du Gott verstehst und kennst.

Nicht davon, dass du schlauer wärst als alle anderen.

Nicht davon, dass du stärker wärst als alle anderen.

Nein.

Es zählt allein nur, dass du dein Leben um deine Beziehung zu Gott und seine Verheißungen für dich herum aufbaust.

Das ist die Einstellung eines Kingdom Builders.

Kann man Gott trauen?

Darauf kannst du wetten! Aber es liegt an dir, die täglichen Glaubensschritte zu tun und dein Verhalten darauf abzustimmen.

Alle gesunden Beziehungen beruhen auf Vertrauen.

Ohne Vertrauen funktioniert nichts. Das gilt insbesondere für die Beziehung zu Gott. Wenn du ihm vertraust, wirst du ihn beim Wort nehmen.

Jesus hat es so gesagt:

> »Bist du müde? Ausgelaugt? Ausgebrannt von Religion? Komm zu mir. Komm mit mir und du wirst dein Leben wiederfinden. Ich zeige dir, wie du dich richtig ausruhen kannst. Begleite mich und arbeite mit mir – sieh zu, wie ich es mache. Erlerne den ungezwungenen Rhythmus der Gnade. Ich werde dir nichts Schweres oder Unpassendes auferlegen. Leiste mir Gesellschaft und du wirst lernen, frei und leicht zu leben.«
>
> **(Matthäus 11,28-30 MSG)**

Was will Jesus damit sagen?

Dass man Gott trauen kann.

Dass er für dich da ist.

Dass er sich bereits um alles gekümmert hat, wofür du bisher so hart gearbeitet hast.

Dass er weiß, was du wirklich brauchst. Wonach du immer wieder suchst. Und dass das Leben im Überfluss, das er verspricht, nur möglich ist, wenn du an seiner Seite gehst.

Ich weiß nicht, wie es dir damit geht, aber das ist das Leben, das ich will. Es ist das Leben, das ich entdeckt habe, indem ich als Kingdom Builder »all-in« gegangen bin.

EINEN SCHRITT ZURÜCK NACH VORNE TUN

Die Hillsong Church sieht ihre Aufgabe unter anderem darin, die Ortsgemeinde zu stärken. Hier geht es um Gottes Reich. Das ist kein Hillsong-Ding, sondern ich meine den Leib Christi als Ganzes; deshalb gehöre ich auch keiner anderen Kirche an.

Eines hat Gott mir von Anfang an gezeigt: Das hier habe nicht ich, Andrew, angeschoben.

Ich habe nie darum gebeten, zu irgendeiner Gemeinde zu reisen, und doch hat Gott mich buchstäblich um die ganze Welt geführt, um unsere Geschichte zu erzählen.

Erstaunlicherweise ist mein Terminkalender immer voll.

Mein Deal mit Gott ist folgender: Ich gehe hin, wo immer mich ein Pastor einlädt. Egal, wo auf der Welt das ist. Ich bitte einfach die Gemeinden, die ich besuche, die Kosten zu übernehmen. Gelegentlich bekomme ich sogar ein Honorar, aber das ist nicht der Grund, warum ich gehe.

Ich werde nicht dafür bezahlt, die Botschaft der Kingdom Builders in die Welt zu tragen.

Ich tue es, weil ich dazu in der Lage bin. Weil mein

Unternehmen so flexibel aufgebaut ist, dass ich meine Zeit frei einteilen kann. Ich unternehme Glaubensschritte aufgrund dessen, was ich weiß.

Ich könnte einfach surfen gehen und die Tage damit verbringen, mit meinem Enkelsohn zu spielen. Manche Leute sagen mir, das hätte ich wohl verdient. Aber ich weiß im Grunde meines Herzens, dass ich zu viel weiß.

Ich habe zu viel gesehen.

Ich glaube, wem viel gegeben wird, von dem wird auch viel verlangt (siehe Lukas 12,48). Und diesem Schulabbrecher, diesem australischen Handwerker, ist viel gegeben worden. Also habe ich viel zu geben.

Weil mein Anliegen das Reich Gottes ist, muss ich das tun.

Ich habe nicht aufgehört, Schecks auszustellen.

Ich habe nicht aufgehört zu dienen.

Ich habe nicht aufgehört, in meinem Unternehmen zu arbeiten.

Ich bin einfach »all-in« mit Gott gegangen, um sein Reich voranzubringen.

DIE KIRCHE, DIE ICH SEHE

Im Jahr 1993 schrieb mein Pastor Brian Houston:

> Die Kirche, die ich sehe, ist eine Kirche mit Einfluss. Eine Kirche, so groß, dass die Stadt und das Land sie nicht ignorieren können. Eine Kirche, die so schnell wächst, dass die Gebäude Mühe haben, den Zuwachs zu fassen.

Ich sehe eine Kirche, deren von Herzen kommender Lobpreis und deren Anbetung den Himmel berühren und die Erde verändern; Anbetung, die den Lobpreis der Menschen überall auf der Welt beeinflusst und Christus mit kraftvollen Liedern des Glaubens und der Hoffnung verherrlicht.

Ich sehe eine Kirche, in denen ständig bußfertige Sünder nach vorne drängen, weil sie den Ruf Christi zur Errettung vernehmen und darauf reagieren.

Ja, und die Kirche, die ich sehe, ist so abhängig vom Heiligen Geist, dass nichts sie aufhalten oder sich ihr entgegenstellen kann; eine Kirche, deren Menschen in Einheit, betend und voll von Gottes Geist sind.

Die Kirche, die ich sehe, hat eine so klare Botschaft, dass Menschen für immer verändert werden und durch die Kraft von Gottes Wort ihr Potenzial ausgeschöpft wird; eine Botschaft, die über die Fernsehbildschirme zu den Völkern der Erde gelangt.

Ich sehe eine Kirche, die so mitfühlend ist, dass Menschen aus unmöglichen Situationen in einen liebevollen und herzlichen Kreis der Hoffnung gezogen werden, wo sie Antworten finden und Annahme erfahren.

Ich sehe ein Volk, das so sehr auf das Reich Gottes bedacht ist, dass es jeden Preis in Kauf nimmt, um Erweckung über dieses Land fegen zu sehen.

Die Kirche, die ich sehe, ist eine Kirche, die sich mit aller Kraft dafür einsetzt, eine Generation von Leitern heranzuziehen, auszubilden und zu befähigen, die die Endzeiternte einbringen kann, sodass alle ihre Dienste nur diesem Ziel gewidmet sind.

Ich sehe eine Kirche mit Jesus als Haupt, dem Heiligen Geist als Helfer und dem Missionsbefehl als Schwerpunkt.
JA, DIESE KIRCHE, DIE ICH SEHE, KÖNNTE DURCHAUS UNSERE KIRCHE SEIN – DIE HILLSONG CHURCH.

Darum geht es bei der Mission von Kingdom Builders: Die Ortsgemeinde zu stärken, die von Pastoren vor Ort geleitet wird und das Leben der dort lebenden Menschen verändert.

Weißt du, der Gott, dem wir dienen, ist ein Fan der »Geringsten« und der »Habenichtse«. Er war schon immer ein Gott der Außenseiter.

Im Alten Testament, von Mose bis David, sehen wir, wie das Reich Gottes auf unerwartete Weise vorangebracht wird: Gott erwählt sich ein Volk zum Eigentum, von dem keiner es erwartet hätte, Israel. Es wurde versklavt, geschlagen, geteilt und war generationenlang auf Wanderschaft – bis Gott selbst auftauchte, im Stroh einer Futterkrippe.

Der lang erwartete Erlöser wird einem unverheirateten Paar geboren, am unwahrscheinlichsten aller Orte. Der König der Könige ist der Sohn eines Handwerkers, wie ich einer bin. Sein Vater, Josef, war Zimmermann und seine Mutter ein Teenager-Mädchen. Und sie waren auf der Flucht vor einem wahnsinnigen König.

Wenn die Bibel uns eines lehrt, dann dies: Gott tut das Unvorstellbare mit den unwahrscheinlichsten Menschen.

Die Geschichte von Hillsong ist ein Beweis dafür, wie Gott wirkt: Vor 23 Jahren waren wir eine einzelne

Kirche mit einem Gebäude in den westlichen Vororten von Sydney. Im wahrsten Sinne des Wortes eine kleine Glaubensgemeinschaft, die die meisten Leute nicht auf der Straßenkarte finden konnten.

Heute gibt es uns in mehr als 30 Ländern, an 120 Standorten, mit über 300 Gottesdiensten pro Wochenende, und mit jedem Jahr wachsen wir weiter.

Und ich glaube wirklich, dass wir erst am Anfang stehen.

DAS REICH GOTTES VORANBRINGEN

Im Matthäusevangelium bekommen wir einen Einblick, wie Jesus das Reich Gottes sieht:

> Man kann Gottes Reich mit einem Juwelenhändler vergleichen, der auf der Suche nach exquisiten Perlen ist. Findet er eine, die makellos ist, verkauft er sofort alles und erwirbt sie.
> Gottes Reich ist auch vergleichbar mit einem Fischernetz, das ins Meer geworfen wird und alle Arten von Fischen fängt. Wenn es voll ist, wird es ans Ufer geschleppt. Die guten Fische werden herausgepickt und in einen Bottich befördert; die ungenießbaren werden weggeworfen. So wird es sein, wenn sich der Vorhang der Geschichte senkt. Die Engel werden kommen und die schlechten Fische aussortieren und in den Müll werfen. Es wird viel verzweifeltes Gejammer geben, aber es wird nichts nützen.«
> Jesus fragte: »Fangt ihr an, zu begreifen?«

Sie antworteten: »Ja.«

Er sagte: »Dann seht ihr, dass jeder Schüler, der in Gottes Reich gut ausgebildet ist, wie der Besitzer eines Gemischtwarenladens ist – alles, was ihr braucht, ob alt oder neu, hat er genau dann zur Hand, wenn ihr es benötigt.«

(Matthäus 13,44-52 MSG)

Ja. Das Reich Gottes ist es wert, alles dafür zu verkaufen. Wie beim Schatz im Acker und der unschätzbar wertvollen Perle – wenn deine Augen für das Ziel des Reiches Gottes geöffnet werden, verändert dich das für immer.

Wie du vielleicht bemerkt hast, gebraucht Jesus das Wort »verborgen«. Nur wenige Christen erkennen, dass Jesus hier über ihr Inneres spricht. Ich denke, Gott sieht das Potenzial in den Herzen der Menschen. Ich weiß, dass er es in diesem großen, hässlichen Aussie gesehen hat, bevor ich es in mir selbst sehen konnte.

Ich glaube, dass das Reich Gottes auch heute noch im Verborgenen liegt. Und wenn deine Augen endlich dafür geöffnet werden, wie es bei mir der Fall war, nun, dann ändert sich alles.

Dein Leben wird auf den Kopf gestellt und von innen nach außen gekehrt.

Du wirst ohne einen Zweifel verstehen, was es bedeutet, das »gute« Leben zu leben.

Außerdem wirst du die Weisheit haben, zu wissen, was du brauchst und wie du anderen helfen kannst. Das ist das Leben im Reich Gottes. Das ist der Sinn, nach dem ich vor 24 Jahren gesucht habe.

Und unser Leben wurde für immer verändert.

Sicher, es war schwierig.

Aber jeder Schritt des Weges hat sich gelohnt.

Und ich habe gelernt, dass jeder Schritt ein Glaubensschritt ist.

Glaube ist das geistliche Wort für Vertrauen. Wenn du einen kleinen Glaubensschritt machst, dann erklärst du damit, dass du Gott vertraust. Dass er deine Quelle ist.

Mit jedem kleinen Glaubensschritt bewegst du dich weg von dem Versuch, es aus eigener Kraft zu schaffen, und näherst dich dem Weg des Reiches Gottes.

Also, geh einen Glaubensschritt und diene aktiv in deiner Ortsgemeinde.

Geh einen Glaubensschritt und gib den Zehnten.

Geh einen Glaubensschritt und opfere deine Zeit und deine Ressourcen.

Geh einen Glaubensschritt und stell dich hinter deinen Pastor.

Geh einen Glaubensschritt und lass alles los, was dich vielleicht davon abhält, das Leben zu ergreifen, zu dem Gott dich ruft.

Geh von »dabei« zu »all-in«.

Du hast nur dieses eine Leben. Warum solltest du es damit verschwenden, den Dingen dieser Welt nachzujagen? Warum es damit verschwenden, dein eigenes kleines Reich zu bauen? Warum es damit verschwenden, Dingen hinterherzujagen, die nicht von Dauer sind?

Wach auf.

Kehre um.

Und fang an, in die entgegengesetzte Richtung zu

laufen. Das meine ich mit »einen Schritt zurück nach vorne tun«.

NICHT JEDE ENTWICKLUNG ERGIBT SINN

Im Alten Testament gibt es eine Geschichte, in der Israel in den Krieg ziehen soll (siehe Richter 7). Gideon ist der Anführer, unter seinem Kommando stehen etwa 32.000 Kämpfer. Gott will beweisen, wie mächtig er ist, deshalb fordert er Gideon auf, einen Teil des Heeres nach Hause zu schicken.

Also lässt Gideon 22.000 Mann heimmarschieren.

Gott ist immer noch nicht zufrieden. Er befiehlt Gideon, die restlichen 10.000 zu prüfen. Er soll die Männer zum Wasser hinunterführen. Die meisten von ihnen (9.700) schlürfen das Wasser direkt mit der Zunge auf, aber 300 schöpfen das Wasser mit den Händen.

Gott sagt Gideon, er solle nur diese 300 behalten.

Nun gibt es noch eine Kleinigkeit, die du wissen solltest: Der Feind Israels waren die Midianiter, ihr Heer zählte 120.000 Mann.

Du hast richtig gelesen. Selbst mit seiner vollen Streitmacht wäre Gideon ihnen 4:1 unterlegen gewesen.

Aber bedenke, unser Gott ist ein Gott der Benachteiligten. Er kann mehr tun, als wir uns überhaupt vorstellen können.

Hier sehen wir also, wie er die Übermacht auf 400:1 erhöht.

Die Rechnung geht einfach nicht auf. Aber das ist das Erstaunliche an Gott, Zahlen spielen bei ihm keine Rolle.

Er braucht keine Quote zu seinen Gunsten.

Nein.

Er sucht nach Menschen, die bereit sind, treu vorwärtszugehen. Auch wenn es unmöglich erscheint. Unwahrscheinlich. Und rückwärtsgewandt.

An jenem Tag besiegten die 300 von Gott auserwählten Männer 120.000 Feinde!

Klingt sehr nach Kingdom Builders ...

Gott will auch in deinem Leben das Unmögliche tun. Er will sehen, ob du ein Mensch bist, den er gebrauchen kann. Ob du bereit bist, Opfer zu bringen und einen Glaubensschritt zu tun.

Und dann noch einen.

Und danach noch einen.

Mir ist klar geworden, dass die meisten Christen wie die 31.700 sind, die nach Hause geschickt wurden. Aber der innere Kern – die Kingdom Builders – wird das Reich Gottes opferbereit voranbringen.

Ich weiß nicht, wie es dir geht, aber ich möchte jemand sein, den Gott gebrauchen kann. Ich möchte jeden Tag kleine Glaubensschritte machen. Ich möchte sehen, wie Gott das Unmögliche vollbringt – in meinem Leben und im Leben meiner Kinder.

Ich will nicht vor Gelegenheiten und vor dem Segen davonlaufen.

Susan und ich wollen Menschen des Glaubens sein, die Gott vertrauen in guten wie in schlechten Zeiten. Die das Reich Gottes voranbringen, auch wenn es manchmal rückwärts zu gehen scheint.

Und ich weiß, es wird nicht immer Sinn ergeben. Aber deshalb nennt man es ja Glauben.

Ich hatte früher einen Nachbarn, der mir zurief, wann immer er mich sah: »Denton, Ihr Leben hätte ich gern.«

Dieser Mann hatte keine Ahnung davon, welche Opfer wir gebracht und welchen Kummer Susan und ich durchgemacht haben, aber ich glaube, er konnte deutlich erkennen, dass etwas an uns anders war. Ich denke, er konnte den Segen Gottes in unserem Leben sehen.

Ich schätze, er konnte das Reich Gottes sehen, das in uns verborgen ist.

TEIL ZWEI

DIE PARTNER

MEINE EHEPARTNERIN

———

Meine Frau Susan ist vom ersten Tag an die treibende Kraft gewesen. Schon früh in unserer Ehe – die Kingdom Builders gab es erst ein paar Jahre und wir waren eine junge Familie – wollten wir unser Engagement verstärken und mehr geben.

Vergiss nicht, ich war nur ein Klempner. Das war alles, was ich konnte. Ich habe keine anderen Qualifikationen. Was also konnten wir noch tun?

Und so sitzen Susan und ich eines Abends am Tisch und sprechen darüber, wie wir eine Schippe drauflegen können.

Wir folgen dabei einfach der logischen Gedankenkette…

Der Klempner arbeitet für den Bauunternehmer. Und der Bauunternehmer arbeitet für den Bauträger. Wer verdient somit am besten?

Der Bauträger.

Also sagen wir: »Okay. Lass uns das machen.«

Susan fragt: »Kennen wir jemanden, der Bauträger ist?«

Es gab zufällig einen Typen in der Kirche, der bald ein großes Stück Land kaufen und ein Zweifamilienhaus darauf errichten wollte. Ich bringe ihn zur Sprache und sage: »Ich rufe ihn nächste Woche an und schaue, ob ich ein Treffen mit ihm vereinbaren kann.«

Und Susan sofort: »Ruf ihn jetzt an.«

Ich erwidere: »Ich kann ihn jetzt nicht anrufen. Ich weiß zufällig, dass er bei jemandem aus der Kirche zum Abendessen eingeladen ist.«

Susan sagt: »Das macht doch nichts. Ich weiß, dass sein Gastgeber gleich die Straße runter wohnt. Fahr da kurz hin und frag den Mann.«

Und ich: »Ich kann da jetzt nicht einfach auftauchen. Die essen gerade zu Abend.«

Susan schießt zurück: »Willst du das jetzt oder willst du es nicht?«

Ich fahre also zum Haus meines Nachbarn, wo dieser Bauunternehmer soeben zu Abend isst, und klopfe an. Mein Nachbar kommt an die Tür und sagt: »Hallo, Andrew. Was kann ich für dich tun?«

Ich sage: »Nun, ich bin eigentlich hier, um mit deinem Gast zu sprechen.«

Mein Nachbar: »Weiß er, dass du kommst?«

Ich: »Nö.«

Er: »Du weißt doch, dass wir zusammen essen, oder?«

Und ich: »Ja. Ich brauche nur eine Minute.«

Er starrt mich einen Moment lang an. »Okay. Ich geh ihn holen.«

Der Bauträger kommt zur Tür: »Tag, mein Freund. Wie kann ich dir helfen?«

Ich sage: »Es ist so: Susan und ich wollen unseren finanziellen Beitrag erhöhen und deshalb wollen wir ins Bauträgergeschäft einsteigen. Ich weiß, dass du das eine oder andere machst und ich habe mich gefragt, ob wir diese Woche zusammen einen Kaffee trinken könnten?«

Er denkt eine Sekunde nach und antwortet: »Ich habe mir heute ein Projekt angesehen. Es ist zu groß für mich. Und es ist auch zu groß für uns beide. Kennst du eine dritte Person?«

Zögernd sage ich: »Ja.«

Er: »Cool. Lass uns morgen zu Mittag essen und bring die dritte Person mit. Ich gehe jetzt wieder rein und esse zu Ende.«

Ich sage: »Super, danke.«

Dann gehe ich nach Hause und berichte Susan – mit der Bemerkung, dass ich eine dritte Person finden muss.

Sie sagt: »Phillip.«

Ich frage nach: »Phillip, wer?«

Susan antwortet: »Phillip, dein Bruder.«

Ich erwidere: »Was ist mit Phillip, meinem Bruder?«

Sie: »Er ist dein dritter Mann.«

Ich: »Er wird nicht interessiert sein.«

Sie: »Frag ihn.«

Phill war damals 26 Jahre alt und bereits Millionär. Er war als Bauunternehmer gerade an seinem dritten Gebäudeprojekt. Sehr erfolgreich. Er wohnte in einem großen Haus, das er selbst gebaut hatte. Alle dachten, er sei ein Drogendealer, weil sein Haus so groß und er so jung war.

Also gehe ich zu Phills Haus und klopfe an. Er kommt

zur Tür und sagt: »Hey Bruder, wie kann ich dir helfen?«

»Hör zu, Susan und ich wollen in die Grundstückserschließung einsteigen, damit wir unsere Spenden an Kingdom Builders aufstocken können. Ich habe heute Abend mit einem Bauunternehmer gesprochen. Er hat ein potenzielles Projekt, von dem er denkt, es sei zu groß für zwei Leute, also sucht er eine dritte Person. Ich habe Susan gefragt, wer unsere dritte Person sein könnte, und sie hat dich vorgeschlagen.«

Phill sieht mich an und sagt: »Was? Machst du Witze? Ich habe gerade heute mit Melissa gesprochen und gesagt, dass ich dieses Tempo nicht durchhalten kann, so viele Stunden zu arbeiten, und das tagein, tagaus. Dass ich mir etwas suchen muss, das mehr Flexibilität bietet, sodass ich von überall aus arbeiten kann.«

Dieses Gespräch fand vor 21 Jahren statt. Seitdem sind wir gemeinsam im Geschäft: Andrew und Susan mit Phill und Melissa.

Der Punkt dieser ganzen Geschichte ist: Wir haben einfach einen Schritt gewagt.

Einen Glaubensschritt.

Und es war meine Frau, die mich zum Handeln ermutigte. Ich nenne das liebevoll den »Susan-Faktor«.

Durch die ganze Bibel hindurch sagt uns Gott, dass es nicht gut ist für den Menschen, allein zu sein. Vom ersten Buch Mose über die Sprüche Salomos bis hin zu den Paulusbriefen im Neuen Testament spricht Gott über die Stärke einer gottgefälligen Frau.

Immer wieder in unserem gemeinsamen Leben hat Susan für mich gebetet, hat gearbeitet und mir bei jedem

Schritt zur Seite gestanden.

Sie lehrte unsere Kinder, Gott zu ehren und ein großzügiges Leben zu führen.

Sie ermutigte mich, etwas zu riskieren, zu wachsen und zu geben.

Sie hat es uns vorgelebt.

Sprüche 31,10–31 (NLB) zeichnet ein Bild von der Art Frau, die Gott gebraucht, um sein Reich zu bauen:

> Eine tüchtige Frau ist das kostbarste Juwel, das einer finden kann.
>
> Ihr Mann kann sich auf sie verlassen, sie bewahrt und mehrt seinen Besitz.
>
> Wer kann schon eine tüchtige Frau finden? Sie ist wertvoller als die kostbarsten Edelsteine.
>
> Ihr Mann kann ihr vertrauen, und sie wird sein Leben bereichern.
>
> Ihr ganzes Leben lang unterstützt sie ihn und fügt ihm nichts Böses zu.
>
> Sie sammelt Wolle und Flachs, die sie flink verarbeitet.
>
> Wie ein Handelsschiff bringt sie ihre Speise von weit her.
>
> Vor Morgengrauen steht sie auf, um das Frühstück für das ganze Haus zuzubereiten und den Mägden ihre Arbeit anzuweisen.
>
> Sie hält nach einem Feld Ausschau und kauft es, um von dem Gewinn einen Weinberg anzupflanzen.
>
> Sie ist energisch und stark und arbeitet hart.
>
> Sie achtet darauf, guten Gewinn zu erzielen; ihre Lampe brennt bis tief in die Nacht hinein.
>
> Ihre Hände spinnen fleißig Garn, ihre Finger

zwirbeln geschickt den Faden.

Sie hat stets eine offene Hand für die Armen und gibt den Bedürftigen großzügig.

Sie fürchtet den Winter nicht für ihre Familie, denn alle haben warme Kleidung.

Sie näht ihre Decken selbst. Sie kleidet sich in Gewänder aus feinstem Tuch.

Ihr Mann ist angesehen, denn er sitzt in der Ratsversammlung zusammen mit anderen hohen Bürgern des Landes.

Kostbare Hemden und Gürtel stellt sie her, die sie dem Händler verkauft.

Sie strahlt Kraft und Würde aus, und sie lacht und hat keine Angst vor dem kommenden Tag.

Wenn sie spricht, sind ihre Worte weise, und sie erteilt ihre Anweisungen in freundlichem Ton.

Sie weiß genau, was in ihrem Haus vor sich geht, und Faulheit kennt sie nicht.

Ihre Kinder begegnen ihr mit Achtung und segnen sie. Ihr Mann lobt sie:

»Es gibt viele tüchtige Frauen, doch du übertriffst sie alle!«

Anmut betrügt und Schönheit vergeht, aber eine Frau, die Ehrfurcht hat vor dem Herrn, soll gelobt werden.

Sie soll für ihre Arbeit belohnt werden und ihre Taten sollen in der ganzen Stadt ihren Ruhm verkünden!

Das ist Susan. Sie ist ein Geschenk Gottes und meine beste Freundin, seit ich ein Teenager war. Ich kann mir ein Leben ohne sie nicht vorstellen.

Wenn ich meine Einzelgespräche führe, nachdem ich

meinen Kingdom-Builders-Vortrag gehalten habe, bitte ich immer darum, dass der Ehepartner mitkommt.

Warum?

Wegen des »Susan-Faktors«.

Ich weiß, dass es da draußen noch andere Andrew und Susan Dentons gibt, die Gott berufen hat, sein Reich zu finanzieren. Und normalerweise ist es die Frau, die es zuerst begreift.

SUSANS VISION

In Sprüche 29,18 (MSG) heißt es:

> Wenn Menschen nicht sehen können, was Gott tut, stolpern sie über sich selbst;
> Aber wenn sie darauf achten, was er offenbart, sind sie höchst gesegnet.

So könnte man mein Leben mit Susan zusammenfassen. Kurz und bündig.

Dieser Vers spricht von Vision. Vision ist die Kraft des Sehens. Sie ist im wahrsten Sinne das Gehen an Gottes Seite. Von ihm zu hören. Und darauf zu reagieren, indem man seinen Willen für das eigene Leben auslebt.

Susan tut das.

Ich tue das.

Und als Ergebnis sind wir gesegnet worden, um ein Segen zu sein.

Als ich Susan kennenlernte, konnte sie in mir etwas sehen, was ich selbst nicht sehen konnte. Ich sagte ihr wortwörtlich: »Solange ich mit meinem Werkzeug arbeite und mich nicht mit Menschen herumschlagen muss, bin ich glücklich.« Und sie dachte sich: Du liebe Güte. Das hat ganz sicher nichts mit meinem Lebensplan zu tun. Aber mal sehen, was Gott mit diesem Rohdiamanten anstellen kann.

Also drängte sie mich, Ja zu sagen zu einem Multi-Level-Marketing-Unternehmen. Wir hatten zwar keinen großen Erfolg in diesem Geschäftsbereich, aber Susan wusste, dass ich dadurch bestimmte Fähigkeiten entwickeln würde, was die Bereiche Betriebswirtschaft, Management und öffentliches Reden angeht.

Fünf Jahre lang habe ich tagsüber meinen Klempnerjob ausgeübt, ab nachmittags in meinem eigenen Klempnerbetrieb gearbeitet und abends im Nebenerwerb geschuftet.

Das war hart.

Aber Susan sah einen Weg für unsere Zukunft. Sie konnte über den Punkt hinausblicken, an dem wir uns gerade befanden, dorthin, wohin Gott uns rief. Sie erkannte, dass wir nur weiterkommen würden, wenn wir nicht mehr versuchten, es allein zu schaffen.

Susan war bereit für den Erfolg. Und das war ich auch.

Ungefähr zu dieser Zeit begann ich zu sehen, was Gott ihr die ganze Zeit schon gezeigt hatte. Ich beendete die ganzen Nebengeschäfte, demütigte mich und ließ mich auf das ein, wozu Gott uns berief.

In jenem Jahr entstanden die Kingdom Builders.

IM SELBEN JOCH

Im ersten Buch Mose sehen wir, dass es nicht gut für den Menschen ist, allein zu sein. Gott gibt dem Adam die Eva.

Nun, Gott gab dem Andrew die Susan.

Und ich sage dir, Gott wusste, dass ich jemanden brauchte, der mich antreibt, mich ermutigt, mich liebt und mir zur Seite steht. Jemanden, der mich in Bewegung hält. Jemanden, der genauso stur war wie ich.

Ich habe gelernt, dass das Leben ohne einen Partner nicht funktioniert.

Man braucht einen Partner. Einen Mitstreiter.

Immer wieder in unserem gemeinsamen Leben hat Gott zu Susan und mir gesprochen. Und immer wieder waren wir auf derselben Wellenlänge. Immer wieder haben wir gemeinsam gegeben, gedient, Gott angebetet und gesät.

Der Apostel Paulus schreibt, wie wichtig ein gleichgesinnter Partner ist:

> »Werdet nicht Partner derer, die Gott ablehnen. Wie könnt ihr aus Recht und Unrecht eine Partnerschaft machen? Das ist keine Partnerschaft; das ist Krieg. Ist das Licht mit der Dunkelheit befreundet? Geht Christus mit dem Teufel spazieren? Halten sich Vertrauen und Misstrauen an den Händen? Wer würde daran denken, heidnische Götzen in Gottes heiligem Tempel aufzustellen? Doch genau das sind wir; jeder von uns ein Tempel, in dem Gott wohnt. Gott selbst hat es so formuliert:

›Ich werde in ihnen wohnen, in sie einziehen;
ich werde ihr Gott sein und sie werden mein
Volk sein.‹«

(2. Korinther 6,14-16 MSG)

Susan würde mich als loyal, fleißig und einen guten Freund beschreiben. Ich würde sie als großzügig, gottwohlgefällig und intuitiv charakterisieren.

Dies ist genauso ihre Geschichte wie meine. In Wirklichkeit ist es die Geschichte von uns beiden, wie wir gemeinsam Glaubensschritte unternehmen. Wir sind im selben Team. Wir haben die gleiche Vision.

Ja, das Leben war eine Herausforderung.

Ja, das Leben hat nicht immer so funktioniert, wie wir es wollten.

Ja, wir waren frustriert.

Aber wir haben auch auf Gott vertraut.

Und genauso einander.

DIE KINDER MEINER KINDER

Hier sind nur einige der vielen Zusagen Gottes, dass er für die Kinder der Gläubigen sorgen will:

> Der Herr, euer Gott, wird euer Herz und die Herzen eurer Nachkommen reinigen, damit ihr ihn aufrichtig und mit aller Kraft liebt und am Leben bleibt. Der Herr, euer Gott, wird alle diese Flüche über eure Feinde und Verfolger kommen lassen.
>
> **(5. Mose 30,6-7 NLB)**

> »Kann eine Mutter etwa ihren Säugling vergessen? Fühlt sie etwa nicht mit dem Kind, das sie geboren hat? Selbst wenn sie es vergessen würde, vergesse ich dich nicht!«
>
> **(Jesaja 49,15 NLB)**

> Und alle deine Kinder werden vom HERRN gelehrt, und der Friede deiner Kinder wird groß sein.
>
> **(Jesaja 54,13 SLT)**

Doch der Herr tröstet sie und spricht: »Hör auf zu weinen und zu klagen, denn das, was du für deine Kinder getan hast, soll nicht vergeblich gewesen sein. Deine Kinder werden aus dem Land des Feindes zu dir zurückkehren«, spricht der Herr. »Es gibt noch Hoffnung für die Zukunft, denn deine Kinder kehren in ihre Heimat zurück.«

(Jeremia 31,16-17 NLB)

Mein Sohn, vergiss nicht, was ich dich gelehrt habe. Bewahre meine Gebote in deinem Herzen, denn sie schenken dir ein langes und zufriedenes Leben.

(Sprüche 3,1-2 NLB)

Lehre dein Kind, den richtigen Weg zu wählen, und wenn es älter ist, wird es auf diesem Weg bleiben.

(Sprüche 22,6 NLB)

Ich habe ein langes Leben hinter mir, doch nie habe ich erlebt, dass die, die auf Gott vertrauen, vergessen wurden, oder dass ihre Kinder um Brot betteln mussten. Vielmehr geben sie großzügig, und ihre Kinder sind für andere ein Segen.

(Psalm 37,25-26 NLB)

»Hört, liebe Freunde, auf Gottes Wahrheit, spitzt eure Ohren für das, was ich euch sage.
Ich sinne über eine Weisheit nach; ich werde euch in die wunderbaren alten Wahrheiten

einweihen, in Geschichten, die wir von unseren Vätern gehört haben, Ratschläge, die wir auf dem Schoß unserer Mutter erfahren haben.

Wir behalten das nicht für uns, wir geben es an die nächste Generation weiter – Gottes Ruhm und Reichtum,
die wundervollen Dinge, die er getan hat.«

(Psalm 78,1-4 MSG)

Religionswissenschaftler schätzen, dass es in der Bibel fast 3.000 Verheißungen von Gott gibt. Ich weiß nicht, wie du das siehst, aber ich denke, das sind gute Nachrichten.

Es bedeutet, dass man Gott vertrauen kann. Er will uns segnen.

Susan und ich haben das im Leben unserer Kinder immer wieder gesehen. Wir haben es an dem Segen gesehen, dass auch unsere beiden Schwiegertöchter und unser Schwiegersohn gläubig sind.

Und wir sehen es jetzt auch im Leben unserer Enkelkinder.

Ich verbringe jeden Mittwoch zu Hause mit Dallas. Oder besser gesagt, Dallas beschenkt Opa jeden Mittwoch mit seiner Anwesenheit. Ich hatte keine Ahnung, wie viel mir entgangen ist, als meine Kinder noch klein waren. So viele Stunden habe ich in den Versuch investiert, eine Existenz aufzubauen, und dabei das echte Leben verpasst. Ich habe mir vorgenommen, diesen Fehler nicht noch einmal zu machen Ich kann dir nicht mal ansatzweise sagen, was für ein Segen Enkelkinder sind.

DIE DENTONS

Falls du schon einmal länger in Sydney auf dem Hauptcampus von Hillsong warst, bist du mit Sicherheit einem Teil meiner Familie begegnet. Es gibt eine Menge von uns Dentons! Mein Vater war Pastor in der Gemeinde, wir Kinder sind alle irgendwo eingebunden, und jetzt sind es auch die Kinder unserer Kinder.

Da wären zum Beispiel unsere drei Kinder, die durch Heirat in die Familie kamen ...

Jono hat eine Amerikanerin geheiratet, Kmy. Sie ist eine gläubige waschechte Texanerin. Sie kam als Studentin zum Hillsong Bible College und Jono war wie verrückt hinter ihr her. Sie behauptet, sie habe ihm ihr Jawort unserer Familie wegen gegeben; als sie in unser Haus kam, habe sie sich jedenfalls sofort wie zu Hause gefühlt. Natürlich mochte sie Jono wirklich gern, aber Kmy sagt, den Ausschlag dafür, mit ihm auszugehen, habe die Familie gegeben.

Elisabetta kam ursprünglich zu uns, weil sie mit Anna befreundet war. Sie zog weg, kam zurück und verliebte sich dann in unseren jüngeren Sohn Mitch. Sie war davon angetan, wie fleißig und zuverlässig unsere Kinder waren, besonders Mitch. Und seit die beiden zusammen sind, ist sie für uns alle ein ganz besonderes Geschenk.

Und dann ist da noch Ehsan, Annas Ehemann. Wie die meisten Väter war auch ich der Meinung, für mein kleines Mädchen wäre kein Mann je gut genug – aber Ehsan kommt dem schon recht nahe. Er ist lernfähig. Ich habe den jungen Mann bei einer Kingdom-Builders-Veranstaltung kennengelernt und er hat ein wenig mit mir zusammen am Haus gearbeitet. Es stellte sich heraus, dass Anna ihm aufgefallen war und er auch ihr, aber er traute sich nicht, sie nach ihrer Telefonnummer zu fragen. Also gab ich sie ihm. Und er hat seine Chance nicht vergeudet.

Frag von unseren Kinder und ihren Ehepartnern, wen du willst – sie werden dir sagen, dass wir Dentons bekannt sind für unser Engagement in der Gemeinde und dafür, wie eng wir als Familie miteinander verbunden sind.

Wir haben immer versucht, für unsere Kinder ein Zuhause mit einem guten Zusammenhalt zu schaffen.

Wir haben ihnen durch Disziplin unsere Liebe gezeigt. Und wir haben die Familie in allem, was wir tun, zur Priorität gemacht ...

Das Mittagessen am Sonntag.

Familienurlaube.

Wir gehen miteinander durch dick und dünn. Durch alle Höhen und Tiefen des Lebens. Wir feiern gemeinsam Geburtstage, Jahrestage und kleine Anlässe jeder Art.

Wir sind nicht perfekt. Wir tun auch nicht so, als wären wir es. Aber wir sind freundlich. Wir sind großzügig. Wir verzeihen.

Und – wir gehören zusammen.

GESEGNET, UM EIN SEGEN ZU SEIN

Als unsere Kinder noch klein waren, haben Susan und ich immer für sie gebetet und Gott darum gebeten, sie »zum Kopf [zu machen] und nicht zum Schwanz«. Dass sie gesegnet würden, damit sie ein Segen sein könnten. Und dass sie freundlich und großzügig sein sollten (siehe 5. Mose 28,13).

Wir wollten unseren Kindern beibringen, fleißig zu sein und hart zu arbeiten, damit sie die Mittel haben würden, anderen zu helfen. Dass sie aus der Fülle heraus handeln könnten und nicht Mangel ihre Entscheidungen bestimmen würde.

Wir lehrten sie, gut umzugehen mit dem, was sie besaßen, damit sie sich dann auch um andere kümmern könnten. Wir brachten ihnen bei, ihre Mittel klug einzusetzen – und zu sparen.

Denn je größer die Aufnahmefähigkeit, desto größer der Segen. Eine einfache Lektion, aber wir wollten sie nicht predigen, sondern sie mit unserem Lebensstil vorleben.

Eine Regel, die wir für sie schufen und die bis heute gilt, ist die der offenen Tür in unserem Haus. Ihre Freunde sind bei uns immer willkommen.

Wir wollen Platz haben für Menschen in Not.

Wir wollen, dass unser Zuhause ein Zufluchtsort ist.

Wir wollen ein großzügiges Leben führen.

Wir wollen in der Lage sein, Menschen zu beherbergen.

Wir wollen andere segnen.

Und unsere Kinder haben gelernt, das Gleiche zu tun.

Gott gab Abraham ein Versprechen. Er sagte im Grunde: »Ich werde durch die Kinder deiner Kinder die Geschichte neu schreiben« (siehe 1. Mose 12).

Gott wird Abrahams Kinder segnen, Generation für Generation.

Und warum?

Zum einen, weil er Gott ist. Es liegt in seinem Wesen. Segnen ist einfach Gottes Spezialität.

Und zum anderen wegen Abrahams Glauben.

Ich denke, die meisten Christen heutzutage leben ein kleines Leben. Nie riskieren sie etwas, sie glauben nicht an ein größeres Leben. Niemals erhoffen sie sich oder beten dafür, dass ihre Nachkommen über Generationen hinweg Gott kennen und ihm vertrauen mögen.

Früher hatte ich auch so wenig Glauben. Glaube hat mit Fassungsvermögen zu tun – die Frage ist, wie viel man dir anvertrauen kann. Wie sehr du gesegnet werden kannst.

Susan und ich haben entdeckt, dass Gott uns testet:

Er wird dir ein wenig geben und sehen, was du damit machst.

Dann gibt er dir ein wenig mehr.

Und dann noch ein bisschen mehr.

Ehe du dich's versiehst, wird er dich über alles hinaus segnen, was du dir vorstellen kannst. Das hat er immer und immer wieder getan, in unserem Leben und im Leben unserer Kinder.

Warum?

Weil wir treu waren.

Weil wir seinen Verheißungen vertraut haben.

Weil wir »all-in« mit ihm gegangen sind.

Weil wir bewusst und zielgerichtet leben.

Ich glaube, dass Gott Ausschau hält nach Männern und Frauen, die einen kleinen Schritt des Glaubens tun. Die sich weigern, schnellen Lösungen und der

Sofortbefriedigung hinterherzujagen.
Die den Versuch aufgeben, »es zu schaffen«.
Und stattdessen dem vertrauen, der alles geschaffen hat.
Gott will dich segnen.
Das will er wirklich.

ES IST NIE ZU SPÄT

Jesus erzählt in den Evangelien die Geschichte von einem wohlhabenden Bauern, der zwei Söhne hatte (siehe Lukas 15,11–32). Der eine Sohn war brav, gehorsam, immer verfügbar und allzeit bereit, seinem Vater zu helfen. Der andere Sohn war ziemlich sprunghaft und aufmüpfig. Ein Rebell.

Der jüngere Sohn kommt zu seinem Vater und bittet ihn um sein Erbe. Der Vater widerspricht nicht. Er gibt ihm, worum er bittet, und der Sohn zieht fröhlich seines Weges. Jesus sagt uns, dass der jüngere Sohn dann so richtig auf den Putz haut – er verschwendet das, was ihm gegeben wurde, mit Prostituierten, Saufgelagen und wildem Leben.

Bis er in der Sackgasse endet und nirgendwo mehr hinkann als wieder nach Hause.

Also macht er sich auf den Weg zurück zu seinem Vater. Der sieht ihn kommen – und tut etwas Erstaunliches: Er nimmt den verlorenen Sohn mit offenen Armen auf und schmeißt ihm eine Party.

Der ältere Bruder aber kriegt Wind von der Sache und bekommt einen Wutanfall. Er weigert sich, hineinzugehen und mitzufeiern, also geht der Vater zu ihm hinaus und versichert ihn seiner Position und der Gnade, die er genießt.

Wie bei den meisten Gleichnissen Jesu gibt es auch in dieser bekannten Geschichte mehrere Bedeutungsebenen zu entdecken:

Gott ist ein großzügiger Vater, der dich gerne segnen will.

Gott bevorzugt niemanden und er ist bereit, dir zu vergeben. Dabei spielt es keine Rolle, wie viel von deinem Leben du schon vergeudet hast.

Gott kümmert sich auch um dein Herz. Der ältere Sohn hatte ein eifersüchtiges Herz. Der jüngere Sohn hatte ein rebellisches Herz. Doch Gott ist nur wichtig, ob dein Herz offen ist.

Zur Erinnerung: Kingdom Builders ist eine Herzensangelegenheit.

Es geht um Hingabe, Demut, Belehrbarkeit und Vertrauen.

Ich bin Vater von drei Söhnen und drei Töchtern. Glücklicherweise hat noch keines meiner Kinder oder deren Ehepartner gegen mich oder Gott rebelliert.

Aber so viel sei gesagt: Ich würde sie auch dann noch lieben. Und darauf vertrauen, dass sie zurückkommen, wie der verlorene Sohn.

Wenn du das hier also liest und denkst, du hättest dich zu weit entfernt, als dass Gott dich noch gebrauchen könnte, nun, dann irrst du dich.

Gott ist im Restaurierungsgewerbe. Er wird dein Leben umkrempeln und auf den Kopf stellen; aber er wartet darauf, dass du aufwachst. Dass du aufhörst, dich unter Wert zu verkaufen. Dass du aufhörst, den Segen zu vergeuden.

Du musst keinen Vorfahrenfluch in die Zukunft tragen. Du kannst ihn brechen.

Alles, was es dazu braucht, ist ein kleiner Glaubensschritt.

Du musst nichts weiter tun, als zur Vernunft zu kommen, wie der verlorene Sohn, und nach Hause zu gehen.

Dein himmlischer Vater wartet. Er hält Ausschau. Und er ist bereit, dir entgegenzulaufen, um dich zu segnen.

Und dich zu einem Segen zu machen.

Frag einfach meine Kinder.

MEIN PASTOR

Mein Pastor ist nicht perfekt.

Eigentlich ist er nicht einmal nahe dran. Zunächst einmal ist er ein Kiwi. Aber das mache ich ihm nicht zum Vorwurf. Ich habe eine Kiwi geheiratet, also mag ich Neuseeländer eigentlich ganz gern.

Aber eines ist er ganz sicher: ein Visionär.

Die Bibel sagt uns in Sprüche 29,18 (elb), ein Volk ohne Vision verwildere. Was mir sagt, dass auch das Gegenteil zutrifft.

Damals, Anfang der 1990er Jahre, gab Gott ihm ein Bild von der Zukunft. Eine Vision.

Genauer gesagt, die Vision von einer Ortsgemeinde mit globaler Reichweite. Eine auf das Reich Gottes ausgerichtete Bewegung für die Sache Christi. Ein Netzwerk von Gemeinden auf der ganzen Welt, die in wichtigen Großstädten Millionen von Menschen für das Evangelium gewinnen.

Was mit einer Handvoll Christen begann, die sich in einer Schulaula in den nordwestlichen Vororten von

Sydney trafen, ist inzwischen auf über 150.000 Menschen angewachsen, die auf allen Kontinenten gemeinsam Gottesdienst feiern. Ein Haus, viele Räume.

Die Hillsong Church ist eine globale Familie.

Doch mein Pastor ist vor Ort. Ich kenne ihn mit Namen. Er kennt mich. Und ich vertraue ihm.

Warum vertraue ich ihm?

Weil ich, wie schon gesagt, die Frucht seines Lebens und Wirkens sehen kann.

Kingdom Builders ist als Erweiterung auf das zurückzuführen, was die Pastoren Brian und Bobbie für die Nationen auf dem Herzen haben: große apostolische Gemeinden vor Ort mit hohem Zulauf, die die Gesellschaft nicht ignorieren kann, weil sie signifikante Beiträge zum Gemeinwohl leisten.

Eine Handvoll Kingdom Builders, die die Vision meines Pastors aufgegriffen haben, sind einer der Hauptgründe, weshalb Hillsong sich weltweit ausbreiten konnte. Und wir konnten aus einer Position der Stärke handeln, um diese Vision zu verwirklichen.

Den meisten Pastoren fehlt eine Vision wie die von Pastor Brian.

Ich glaube wirklich, dass Pastor Brian eine einzigartige Führungspersönlichkeit ist. Sein Herz und Gottes Berufung haben eine Gruppe von Kingdom Builders hervorgebracht. Seit über 24 Jahren fahre ich in seinem Kielwasser.

Ich vertraue ihm.

Und ich stehe hinter ihm.

Pastor Brian hat mich oder andere Kingdom Builders

nie gebeten, etwas zu tun, wozu er selbst nicht bereit gewesen wäre. Er war vom ersten Tag an selbst ein Kingdom Builder. Und ich weiß, dass es seit Bestehen der Kingdom Builders Zeiten gegeben hat, in denen er der größte Geber in der Gruppe gewesen ist.

Er ist ein großzügiger Mensch. Unzählige Male musste ich mit ihm streiten, wer die Rechnung für das Abendessen bezahlen darf. Wohlgemerkt: Er bezahlt mit seinem eigenen Geld, nicht aus dem Budget der Kirche.

Eines der Mottos von Pastor Brian lautet: »Geldausgeben ist temporär; Großzügigkeit ist ein Lebensstil.« Er und Bobbie leben das aus.

DIE UNVERDROSSENEN

Pastor Brian unterstützt Kingdom Builders voll und ganz. Aber er gewährt uns keine Sonderbehandlung. Er nimmt sich Zeit für uns. Er schätzt uns.

Wir Kingdom Builders haben eine jährlich stattfindende Rüstzeit. Das ist das einzige Mal, dass Pastor Brian etwas über uns als Gruppe verlautet. Er verbringt das ganze Wochenende mit uns. Und am Sonntag schalten wir per Satellit die restlichen Campusse dazu.

Normalerweise erzählt er ein wenig über uns, aber das ist keine große Sache, nur eine kurze Grußbotschaft und die Erwähnung, dass wir eine kleine Gruppe sind, die glaubt, dass es unsere Aufgabe ist, das Reich Gottes zu finanzieren.

Was den Rest der Kirche ein wenig neugierig macht.

Wir sind schließlich das Innere des Kerns.

Wir sind die Gruppe, die hervorgetreten ist und von »dabei« zu »all-in« gegangen ist.

Ich nenne uns gerne die »Unverdrossenen«.

Egal, was passiert, wir stehen hinter Pastor Brian.

Das bedeutet nicht, dass ich immer gut finde, was Pastor Brian sagt. Pastor Brian hielt eines Sonntags eine Predigt mit dem Titel »Was mich und mein Haus betrifft, wir dienen dem Herrn«. Ich saß da mit aufgeschlagener Bibel und machte mir Notizen. Da sagt er tatsächlich zur ganzen Gemeinde: »Wollt ihr ein Beispiel sehen für ›Was mich und mein Haus betrifft, wir dienen dem Herrn‹?« Er dreht sich um, zeigt auf die Stelle, wo Susan und ich sitzen, und fährt fort: »Andrew und Susan Denton dort drüben. Schaut ihnen einfach zu.« Danach verlässt er das Podium.

Dann hat er noch die Dreistigkeit, mir eine SMS zu schicken: »Ich habe dich heute Morgen ein bisschen hochgenommen.«

Ich simse zurück: »Hochgenommen? Du hast mich dermaßen fertiggemacht, Mann. Ich kann niemandem mehr auf dem Parkplatz den Vogel zeigen. Jeder wird mich jetzt beobachten.«

Aber so ist Pastor Brian eben. Doch er wusste genau, dass ich einer der »Unverdrossenen« bin.

Aber mir ging dabei auch etwas auf: Die anderen beobachteten mich ohnehin schon.

Sie wollten sehen, ob es mir ernst ist.

Susan und mir ist es ernst.

Und komme, was da wolle, wir stehen hinter Pastor Brian.

KÖNIGE UND PRIESTER

Pastor Brian liebt es, Menschen zu helfen. Er liebt es zu sehen, wie sie ihr Potenzial ausschöpfen. Letztendlich ist er bestrebt, alles zu tun, was er kann, um Menschen zu erreichen und sie mit Jesus zusammenzubringen.

Er glaubt an Wunder.

Er führt von vorderster Front aus.

Er reist, hält Vorträge und schreibt, alles für die Sache Christi.

Seine Rolle ist heute vielfältig und global angelegt. Aber seine Mission hat sich in den 37 Jahren, in denen er Pastor von Hillsong ist, nicht verändert. Es ist die Mission der Kingdom Builders.

Von der Ukraine bis Spanien, von Nordamerika bis Australien setzt er sich für die Sache Christi ein. Er baut am Reich Gottes.

Seine Aufgabe ist die Vision. Er ist ein Priester. Meine Aufgabe als Kingdom Builder ist die Beschaffung. Die Finanzierung von Gottes Reich.

Pastor Brian nennt es »Könige und Priester«.

Die Rolle des Priesters überall in der Bibel war es, Menschen mit Gott zu verbinden. Das ist das Herz von Pastor Brian. Das ist seine Berufung. Sein Dienst.

Meine Rolle als Kingdom Builder ist es, dabei zu helfen, das Reich Gottes zu finanzieren. Das zusätzliche Opfer zusammenzubringen, damit die Botschaft des Evangeliums in die ganze Welt getragen werden kann.

Beides gehört zusammen: Vision und Beschaffung. Ein Bild von der Zukunft und die Mittel, um dieses Bild

Wirklichkeit werden zu lassen.

Vielleicht, nur vielleicht, ist das auch deine Berufung?

Zu versorgen. Hart zu arbeiten. Opferwillig zu geben, damit die Vision deines Pastors Wirklichkeit werden kann.

Genau das ist die Rolle eines Königs – Schutz und Versorgung.

DIE ROLLE DES PASTORS

Vor 16 Jahren habe ich die Entscheidung getroffen, Leute zu beschäftigen, die klüger sind als ich.

Das habe ich von Pastor Brian gelernt. Er hat schon immer diese supertalentierten Pastoren und Leiter gehabt, die mit ihm zusammenarbeiten.

Die Leute haben ihn schon oft gefragt: »Fühlst du dich von diesen Leuten nicht bedroht?« Und Pastor Brian sagt dann immer: »Nein. Es ist eine Ehre, mit derart intelligenten und kreativen Menschen zusammenzuarbeiten. Dank ihrer Gaben ist die Hillsong Church in der Lage, innovativ zu sein, sich weiterzuentwickeln und zu gedeihen. Ehrlich gesagt, lassen sie mich gut dastehen. Nach vorne hin führe ich zwar, aber ohne meine Kollegen hätte ich nicht diese Reichweite und diesen Einblick.«

Diese Art der Führung erfordert Selbstvertrauen.

Sie erfordert Bescheidenheit.

Und es braucht ein unglaubliches Gespür, die richtigen Talente zu erkennen und zu gewinnen. Und diese Talente dann zu fördern. Und ihnen Freiraum zu geben.

Ich glaube, viele Pastoren versagen deshalb, weil sie zu sehr vom Ego getrieben sind. Sie haben zu viel Stolz. Sie müssen unbedingt die Kontrolle behalten.

Das ist nicht die Art von Leiter, die Gott in Jeremia 3 verspricht.

Ich habe Pastor Brian auch schon als starken und entschlossenen Leiter erlebt. Die Leute wollen keinem Wischiwaschi-Leiter folgen. Sie wollen einem Leiter folgen, dessen Vision geradlinig und echt ist.

Pastoren müssen beharrlich das Gute in den Menschen sehen. Ich habe erlebt, wie Pastor Brian das in den Jahren, in denen ich seiner Leitung folge, immer und immer wieder getan hat. Und es funktioniert.

Wieso?

Weil es die nächste Generation von Königen und Priestern in der Kirche hervorbringt.

Pastoren müssen auch auf die kollektive Weisheit hören. Das erfordert den Mut, um Hilfe zu bitten. Sie müssen die Einstellung haben, dass es nicht nur um sie geht. Sie wissen nicht alles. Sie haben nicht auf alles eine Antwort.

Ich erinnere mich, dass ich vor vier oder fünf Jahren etwas gesagt habe, was nicht in Ordnung war. Pastor Brian sprach mich darauf an.

Er sagte: »Du hast eine große Klappe, Denton.«

Ich sagte: »Ja, du hast recht. Ich werde mich entschuldigen.«

Er sah mich an und sagte: »Andrew, weißt du, was ich an dir am meisten liebe? Du lässt dir was sagen.«

Pastoren müssen zudem in der Lage sein, sich ins Zeug

zu legen und zu wissen, wann sie für die Zukunft kämpfen müssen. Unerschütterlich und unaufhaltsam. Beharrlich.

Pastoren müssen aber auch imstande sein, ihrem eigenen Wohlbefinden einen wichtigen Platz einzuräumen. Das erfordert Disziplin. Und dass man stark genug sein muss, auch mal »Nein« zu sagen. Was auf die Fähigkeit hinausläuft, couragierte Entscheidungen zu treffen.

Pastoren müssen an vorderster Front führen – genau wie Pastor Brian: Indem sie niemanden bitten, etwas zu tun, was sie nicht selbst zu tun bereit sind.

Mehr zu tun, als ihr Arbeitsvertrag erfordert. Mehr zu geben, als sie müssen. Sich mehr anzustrengen, als ihnen lieb ist. Mit weniger zufrieden zu sein, als sie gerne hätten. Mehr zu helfen, als notwendig wäre. Und weniger Zeit zu verschwenden.

Außerdem bin ich der festen Überzeugung, dass Pastoren intuitiv sein müssen. Sie müssen in der Lage sein, Dinge zu durchschauen. Das erfordert ein tiefgründiges und intensives Gebetsleben.

Wenn du Pastor bist und das liest, dann sei dir bewusst: Die Menschen, die du zu leiten versuchst, werden nie weiter gehen als du selbst. Deine Herde wird nie schneller sein als du. Niemals mehr geben als du. Niemals mehr dienen als du.

Wenn diese Liste ein Gefühl der Verzweiflung in dir auslöst, dann ist das eine prima Sache.

Gott ist ein Gott der Veränderung. Er verspricht, uns ein neues Herz und einen neuen Geist zu geben. Dieses Versprechen gilt auch dir.

Was ich an Pastor Brian und Bobbie liebe, ist die Tatsache, dass sie exakt so leben.

Ihre Vision für die Hillsong Church geht über sie hinaus.

Das muss sie auch.

Denn es geht nicht um sie. Es geht darum, dass das Reich Gottes an Fahrt zunimmt. Dass die Sache Christi Fortschritte macht. Und darum, dass das Volk Gottes das Evangelium an wichtigen und einflussreichen Orten rund um den Globus auslebt.

GOTTES ZUSAGE EINER VISION

Lukas greift ein prophetisches Wort von Joel über die Kirche auf:

> In den letzten Tagen, spricht Gott, werde ich meinen Geist über alle Menschen ausgießen. Eure Söhne und Töchter werden weissagen, eure jungen Männer werden Visionen haben und eure alten Männer prophetische Träume. In diesen Tagen werde ich meinen Geist sogar über alle meine Diener, ob Mann oder Frau, ausgießen, und sie werden weissagen. Und ich werde Wunder oben am Himmel tun und Zeichen unten auf der Erde – Blut und Feuer und Rauchwolken. Die Sonne wird finster werden und der Mond blutrot, ehe der große und herrliche Tag des Herrn anbricht. Und jeder, der den Namen des Herrn anruft, wird gerettet werden.
>
> **(Apostelgeschichte 2,17-21 NLB)**

Wenn deine Gemeinde nicht wächst, bitte ich dich, dein Herz zu überprüfen.

Glaubst du den Verheißungen Gottes?

Unternimmst du Schritte im Glauben?

Wie groß ist deine Vision?

Hast du überhaupt eine Vision?

Ist deine Vision zu klein?

Mein Freund Lee Domingue hat ein Motto: »Der Pastor gibt die Vision vor, aber das Tempo bestimmen die Kingdom Builders.«

Vision ist deine Fähigkeit, die Zukunft zu sehen. Deiner Gemeinde klar zu vermitteln, was du siehst. Und sie dann zu berufen, auszurüsten und stark zu machen.

Lass diesen Punkt nicht aus.

Die meisten Gemeinden bleiben bei rund 300 Leuten hängen, weil die Pastoren zu viel Angst haben, größer zu träumen als das, was sie zu leiten vermögen. Wenn du so jemand bist, dann lähmst du im Grunde deine Gemeinde durch deine Unfähigkeit, selbst zu wachsen.

Wenn du nicht persönlich wachsen willst, in geistlicher Hinsicht und in deinen Fähigkeiten, dann bremst du damit auch deine Gemeinde aus. Aus meiner Sicht haust du sie übers Ohr. Du beraubst sie dessen, was Gott in ihrem Leben und in eurer Stadt tun will.

Die Reichweite von Hillsong übersteigt alles, was wir erbitten, erdenken oder uns je hätten vorstellen können, denn Pastor Brian hat nicht aufgehört zu träumen. Er hat nicht aufgehört zu glauben. Er hat nicht aufgehört, seine eigenen Fähigkeiten zu erweitern.

Im Laufe der Jahre habe ich beobachtet, wie Pastor

Brian seine Fähigkeiten weiter ausbaute. Und als Ergebnis davon haben wir eine globale Reichweite. Eine globale Familie.

Ein Haus, viele Räume.

MEIN NETZWERK

Dieter Conrad und ich trafen uns zum ersten Mal vor sieben Jahren, als ich in seiner Gemeinde einen Vortrag über die Kingdom Builders hielt.

Dieter hatte all diese gewaltigen Träume. Und ich weiß noch, wie ich dachte: Wow. Ernsthaft?

Er war »all-in«, voll dabei. Er hatte die richtige Herzenseinstellung.

Aber er hatte noch nichts Bemerkenswertes zuwege gebracht. Damals arbeitete er noch für jemand anderen.

Dann habe ich längere Zeit nichts mehr von ihm gehört. Als ich ihn vier Jahre später wieder traf, war er der größte Geber der Hillsong Church Germany. Er saß im Vorstand von Compassion Deutschland. Er saß im Vorstand von Vision Rescue für Deutschland.

Mittlerweile hatte er sein eigenes Unternehmen gegründet und verdiente das Siebenfache von dem, was er zum Zeitpunkt unseres letzten Treffens verdient hatte. Nicht das Doppelte. Das Siebenfache!

Sein Leben hatte sich komplett und vollständig

gewandelt, als er zu seiner Bestimmung fand, ein Kingdom Builder zu sein.

Er ist ein erstaunlicher Mann. Eine tolle Geschichte.

In Deutschland traf ich noch einen anderen jungen Mann, der für ein 15-minütiges(!) Treffen mit mir drei Stunden Anfahrt in Kauf nahm. Wir hatten uns zwei Jahre zuvor kennengelernt und ich erinnere mich, dass ich ihn damals fragte: »Was erwartest du dir von Gott? Wie groß sind deine Träume?«

Er hatte geantwortet, er würde gerne für eine bestimmte Firma arbeiten.

Zwei Jahre später, als wir uns wieder trafen, sagte er: »Andrew, meine Gebete wurden erhört. Ich werde für diese Firma arbeiten. Aber das ist noch nicht alles – ich werde ihr CEO sein! Das übersteigt alles, was man erbitten, erdenken oder sich vorstellen kann.«

Er sagte: »Vor zwei Jahren war es mehr als unvorstellbar für mich, überhaupt für diese Firma zu arbeiten. Aber dorthin zu gehen und als Geschäftsführer anzufangen ... Das ist einfach verrückt.«

Dann ist da noch Juan Marcos in Barcelona. Er war ein Single, als ich ihn kennenlernte. Hatte eine kleine Firma. Er hätte nie gedacht, dass er auch nur einen 2.000-Euro-Scheck ausstellen könnte.

Heute ist er mit einer attraktiven jungen Russin verheiratet. Und er stellt Schecks über 20.000 und 30.000 Euro aus. Als Kingdom Builder hat sein Unternehmen ein ganz anderes Level erreicht. Er kennt seine Aufgabe.

Das sind nur drei Geschichten von Hunderten, die ich dir erzählen könnte. Das ist der Grund, warum ich nie aufhören werde, das zu tun, was ich tue – meine Geschichte und die Geschichte der Kingdom Builders zu erzählen. Ich liebe es, wenn Leute aufwachen. Wenn ihr Leben sich verändert. Wenn sie beginnen, ihre Bestimmung zu erkennen. Es ist toll zu sehen, wie Gott die Begrenzungen aus ihrem Leben entfernt.

Zu sehen, wie Gott viel mehr tut, als sie jemals erbitten, erdenken oder sich vorstellen könnten.

Ich sehe gern Menschen, die Gott vertrauen. Die Glaubensschritte wagen.

Und ich freue mich, Pastoren zu sehen, die hungrig sind. Die sich nach Kingdom Builders sehnen.

PARTNERSCHAFT IM EVANGELIUM

Heute spüre ich die Gewichtigkeit dieser Botschaft. Ich kenne die Auswirkungen auf die Gemeinden, in denen ich spreche. Aber ich weiß auch, dass ich zu ganz bestimmten Personen spreche. Zu Männern und Frauen, Menschen wie du. Die auf der Suche nach mehr sind. Nach etwas Sinnvollem. Etwas, das es wert ist, dass man ihm sein Leben, seine Karriere und seine Familie widmet.

Ich weiß auch, dass der Teufel nicht glücklich ist über das, was ich sage. Ich weiß, dass er mich im Visier hat. Er will nicht, dass die Leute diese Botschaft hören. Deshalb bete ich jedes Mal, wenn ich von meinem Platz aufstehe, um zu sprechen.

Ich bitte Gott, Herzen und Köpfe zu öffnen, damit die Wahrheit und Kraft dieser Botschaft gehört werden kann.

Ich weiß, wie viel es bewirken kann, wenn nur eine Person, dieses eine Prozent der Gemeinde, diese Botschaft versteht. Aber was wäre, wenn die Hälfte der Anwesenden sie verstünde?

Das ist es, worum ich bete. Das sind die Partner, die ich finden möchte.

Ich war in Konstanz, einer kleinen Touristenstadt in Deutschland, ähnlich wie Queenstown in Neuseeland, wo meine Frau herkommt. Ich war dort, um die Botschaft der Kingdom Builders weiterzugeben.

Damals schien es auf der Hand zu liegen, dass die finanziell einflussreiche, arrivierte Stadt Düsseldorf die klügere Wahl für den Hauptsitz wäre, weil es dort eine hohe Wohlstandsdichte und eine weitaus größere Einwohnerzahl gab.

Aber es war dann doch Konstanz, wo ich mich von Gott geführt fühlte, prophetisch über die Gemeinde zu sprechen. Ich betete: »So wie Baulkham Hills, ein kleiner Vorort außerhalb Sydneys, wegweisend war für die Kingdom Builders, so glaube ich, dass ihr vom kleinen Konstanz aus nicht nur Deutschland, sondern auch die umliegenden Länder finanzieren werdet.«

Nun ist es so, dass eine Prophetie immer nur das bestätigen soll, was schon jemand auf dem Herzen hat.

Die leitenden Pastoren, Freimut und Joanna Haverkamp, waren dabei und – was ich damals noch nicht wusste – auch sie hatten den Eindruck ins Herz gelegt bekommen, nicht nach Düsseldorf zu ziehen, sondern in Konstanz zu bleiben. Diese Entscheidung hatte sich bis zu diesem Zeitpunkt unbestätigt angefühlt. Meine Botschaft bestätigte, was sie schon im Herzen hatten.

Die Botschaft der Kingdom Builders ist eine Botschaft des Gehorsams: die Stimme Gottes zu hören und das eigene Leben danach auszurichten.

Ich tue es, indem ich diese Botschaft rund um den Globus trage. Und überall, auf der ganzen Welt habe ich Partner im Evangelium erlebt, die den Schritt machen und »all-in« gehen.

GOTT AUF DIE PROBE STELLEN

Während ich umherreise und diese Botschaft über die Finanzierung des Reiches Gottes verbreite, werde ich oft gefragt, entweder von einem Ehemann oder einer Ehefrau: »Wie kann ich mit meinem Ehepartner auf eine Wellenlänge kommen, wenn es ums Geben geht?«

Ich greife dann immer auf das Buch Maleachi zurück:

> Bringt den ganzen Zehnten ins Vorratshaus, damit in meinem Haus Nahrung vorhanden ist! Ja, stellt mich auf die Probe damit, spricht der HERR der Heerscharen, ob ich euch dann nicht die Schleusen des Himmels öffne und Segen im Übermaß auf euch herabschütte.
> **(Maleachi 3,10 EÜ)**

Dann frage ich die Paare: »Habt ihr Gott auf die Probe gestellt?«

Er sagt, wir sollen ihn prüfen.

Dazu erzähle ich jedes Mal diese Geschichte: Ich sitze

an einem Sonntag in der Kirche und lasse meinen Blick durch das Auditorium wandern, wo ich einen jungen Mann sehe, der schon eine Weile in der Kirche ist. Er war auf der Bibelschule und ist im Begriff, nach Europa zurückzugehen, um dort eine Gemeinde zu gründen.

Nun, Gott legt es mir einfach aufs Herz, in seinen Dienst zu säen.

Und ich denke: Cool, Gott. Wie viel?

Er sagt mir die Zahl. Bäm. Einfach so.

Darauf ich: Alles klar, Gott. Du kennst die Abmachung. Sag es Susan. Sie muss es wissen.

Ich erwarte, dass ich, noch während wir in der Kirche sitzen, gleich einen Ellbogen in die Seite bekomme. Nichts passiert. Der Gottesdienst endet und ich warte immer noch darauf, dass etwas geschieht.

Wir gehen gemeinsam nach draußen auf den Parkplatz. Nichts.

Wir steigen ins Auto und ich will gerade die Zündung einschalten, als Susan sagt: »Hey, ich glaube, dass Gott mir heute sagt, dass wir in Stuarts Dienst säen sollen.« Und ich so: »Oh, wirklich? Wie viel?«

Dann nennt Susan bis auf den Cent genau die Dollarsumme, die Gott mir offenbart hatte. Ich musste weinen, da ich ein großer Softie bin.

Wir waren gehorsam und haben es getan.

An einem Sonntag kommt Stuart bei uns vorbei und isst mit der Familie zu Abend. Auf dem Weg nach draußen reiche ich ihm im Umschlag eine Karte mit dem Geld darin. Er hat keine Ahnung, was in der Karte steckt.

Das hatte eine große Wirkung auf Stuart.

So sehr, dass seine Großeltern uns noch Monate später Briefe schrieben, in denen sie uns dafür dankten und uns schilderten, was dies für sein Leben und seinen Dienst bedeutete.

Jedenfalls erzähle ich diese Geschichte schon seit längerem überall, wohin ich reise. Das ist die Geschichte, die ich erzähle, wenn Leute mich fragen, wie sie auf der gleichen Wellenlänge sein und geeint handeln können.

Erstens hatte ich als Ehemann meine geistlichen Antennen voll ausgefahren, um von Gott zu hören. Und ich hörte von ihm.

Zweitens habe ich Gott auf die Probe gestellt: »Also gut, Gott. Dann sag du es Susan.«

Drittens hatte auch sie ihre geistliche Antenne ausgefahren und hörte ebenfalls von Gott.

Viertens waren wir gehorsam – und haben es tatsächlich getan. Das Ergebnis war, dass ein Mann und sein Dienst gesegnet wurden.

Vor ein paar Jahren war ich als Redner in Europa. Stuart fand es heraus und rief mich an. Er fragte, ob er kommen und mich sprechen hören könne, und ich sagte: »Selbstverständlich.« Gleich darauf dachte ich: Ich muss mir eine neue Geschichte überlegen.

Also betete ich: »Gott, hilf mir herauszufinden, was ich mitteilen soll.«

Prompt erwiderte Gott: »Warum? Was stimmt mit dieser Geschichte nicht?«

»Nun ja, Stuart wird heute Abend da sein, Gott. Das wird irgendwie merkwürdig, oder?«

Gott sagte: »Vertraust du mir oder nicht?«

Ich halte also meinen Vortrag und natürlich kommt die Frage, wie Paare aufeinander abgestimmt handeln können, genau in dem Moment auf, als ich direkt vor Stuart stehe. Ich erzähle seine Geschichte. Nach der Hälfte geht ihm auf: Er meint mich. Er redet über mich.

Bei dem Teil der Geschichte, wo ich erzähle, dass seine Großeltern uns schrieben, war er sehr überrascht, denn davon hatte er nichts gewusst. Nach dem Treffen schnappte er mich am Arm und sagte: »Andrew, du hast keine Ahnung, was ihr damit für mich getan habt. Das Geld, das du und Susan mir gegeben habt, war genau der Betrag, den ich brauchte, um mein Leben in Ordnung zu bringen und meinen Dienst zu beginnen.«

Zustande kam dies, weil wir gehorsam und im Einklang waren. Geistlich auf einer Wellenlänge. Gleichgerichtete Partner im Evangelium.

MEIN SCHÜTZLING

Ich bin durch die ganze Welt gereist, um meine Geschichte zu erzählen, die Ortsgemeinde zu fördern und für die Berufung einzutreten, das Reich Gottes zu finanzieren. In jeder Gemeinde, in der ich aufstehe, um zu sprechen, ist das Bemerkenswerte die Handvoll Menschen, die genau wie Susan und ich darauf gewartet haben, diese einfache Botschaft zu hören.

Immer wieder habe ich gesehen, dass zukünftige Kingdom Builder sich selbst auswählen. Sie heben die Hände. Und sagen: »Ich bin dabei.«

Einer dieser Leute, die ich hier im Buch schon erwähnt habe, ist Henry Brandt. Er ist der Gläubige aus Stockholm, der mich zusammen mit seiner Frau zum Essen einlud. Sie hatten für den Launch der Kingdom Builder gefastet und gebetet, und Gott hatte ihnen Matthäus 6,33 als Bibelstelle gegeben, über die sie meditieren und beten sollten.

Als ich aufstand, um meinen Vortrag zu halten, löste das etwas in ihren Herzen aus. Gott bestätigte ihnen durch mich, dass der Ruf, Kingdom Builders zu werden, ihnen galt.

Henry ist seitdem mit mir durch ganz Amerika und Europa gereist. Er hat meine Sachen getragen, mir bei meinen Vorträgen zugehört und war bei Hunderten von Einzelgesprächen dabei.

Ich liebe an Henry, dass er lernfreudig ist. Ich kann gar nicht zählen, wie oft er meine Geschichte schon gehört hat, aber immer noch sitzt er dabei und macht auf seinem Smartphone eine Notiz nach der anderen.

Ich glaube wirklich, dass Gott da draußen noch weitere Henry Brandts berufen hat. Männer und Frauen, die Gott in jedem Bereich ihres Lebens an die erste Stelle setzen. Die den Schritt über die Schwelle gewagt haben. Die jeden Tag eng mit Gott unterwegs sind.

Henry nennt mich einen seiner besten Freunde. Ich nenne ihn einen Bruder in Christus, der es verstanden hat.

Er ist ein Vorbild für seine Gemeinde in Stockholm. Und weil er es versteht, verstehen sie es auch. Das ist einer der Gründe, warum Kingdom Builders in Stockholm schneller wächst als irgendwo sonst auf der Welt.

Ich nenne Henry auch meinen Schützling. Aber die Wahrheit ist, dass Gott überall auf der Welt Männer und Frauen aufweckt und dazu beruft, sich in der Ortsgemeinde für die Sache Christi einzusetzen.

Ich glaube wirklich, dass es überall Henrys gibt.

Heute kenne ich Männer und Frauen auf der ganzen Welt, die nicht nur durch regelmäßiges Geben Kingdom Builders sein wollen, sondern sich die Herausforderung erbitten, so wie ich, in aller Welt die nächste Generation von Kingdom Builders heranziehen zu dürfen.

EIN OFFENER BRIEF AN ALLE PASTOREN

Lieber Pastor,

deine Gemeinde wartet darauf, dass du die seelenerforschende, lebensspendende, weltbewegende Arbeit verrichtest, zu der du berufen wurdest.

Sie sind begierig darauf, sich hinter deine gottgegebene Vision zu stellen, um das Reich Gottes über das hinaus voranzubringen, was selbst du dir erbitten, erdenken oder vorstellen kannst.

Darunter ist eine Handvoll von Leuten, die sehnlichst auf die Gelegenheit wartet und inständig dafür betet, beansprucht, herausgefordert, mobilisiert und zum Geben, Gehen, Beten und Leiten aufgerufen zu werden.

Ja. Ihre Augen sind fest auf dich gerichtet. Sie beobachten dich, um zu sehen, ob du der bist, für den du dich ausgibst. Und ob du tust, wozu Gott dich berufen hat. Sie wollen wissen, ob du es ernst meinst. Sie wollen zuerst sehen, was du tun wirst. Falls du es tust ...

Diene als Erster.

Gib als Erster.

Träume als Erster.

Bete als Erster.

Geh als Erster.

Sie glauben wirklich daran und wollen »all-in« gehen. Das wollen sie wirklich.

Aber – sie warten noch.

Ja. Sie warten darauf, von einer Vision herausgefordert zu werden, die göttliche Dimensionen hat, die in Bezug auf ihre Person und das, was sie für möglich halten, das Beste aus ihnen herausholt. Sie warten darauf, zu einem Leben im Grenzbereich herausgefordert zu werden. Dem Leben im Reich Gottes.

Das ist das Leben, über das sie in der Bibel gelesen haben. Das Leben, über das du Woche für Woche predigst.

Das überfließende Leben, das Gott überall in der Bibel verspricht.

Aber du musst ihnen eine bildliche Vorstellung davon geben, wohin Gott deine Gemeinde ruft.

Sie müssen wissen, wie deine Vision für sie, als eine Gemeinschaft von begeisterten »All-in«-Gläubigen, aussieht. Dieses haarsträubende, wagemutige Ziel, das dir selbst Angst einjagt.

Du weißt schon. Das, dem du dein Leben und deine Berufung gewidmet hast, um ein Teil davon zu sein. Die Vision, die göttliche Ausmaße hat und deine kühnsten Träume und Hoffnungen übersteigt. Die, bei der Gott auftauchen und aktiv werden muss. Die Vision, die du kaum laut auszusprechen wagst.

Sich klein zu machen, bringt niemandem etwas. Schon gar nicht deiner Gemeindefamilie. Dein Unvermögen, groß zu träumen, hält auch sie klein. Sie trippeln auf

Zehenspitzen um die Wahrheit herum, weil auch du es tust.

Lass nicht zu, dass dir dein Ego in die Quere kommt.

Lass dich nicht durch mangelnden Glauben lähmen.

Lass dich nicht ausbremsen, weder von den kleinen noch von den großen Dingen.

Tue, was immer du tun musst, um von Gott zu hören. Um mit ihm gemeinsam zu träumen. Um das Potenzial zu sehen, das er sieht. Um die Herzen der Menschen zu gewinnen, die er dir anvertraut hat.

Weiche nicht zurück.

Stelle dein Licht nicht unter den Scheffel.

Vergeude keinen weiteren Sonntag. Keine weitere Predigt. Keinen weiteren Moment.

Geh auf die Knie. Öffne dein Herz. Und bitte um das Unmögliche.

Dann gib das, was Gott zu dir sagt, an deine Leute weiter. Sprich diese Vision in Existenz. Wecke das Beste in ihnen. Und lade sie ein, sich dir anzuschließen, um diesen Traum, der göttliche Ausmaße hat, Wirklichkeit werden zu lassen.

Deine Gemeinde wartet.

Gott wartet.

Und tief im Inneren wartest auch du.

Jetzt ist die Zeit gekommen.

Hör auf zu zögern und fang an zu glauben.

Du bist zu so viel mehr berufen. Dazu, das Reich Gottes zu bauen. Und Kingdom Builders aufzubauen.

Von Herzen,
Andrew & Susan Denton

TEIL DREI

DIE PRAXIS

KEIN GLAUBE OHNE RISIKO

Im Laufe der Jahre habe ich gelernt, dass Glaube auch immer Risiko bedeutet. Und mit Risiko meine ich, kluge Risiken einzugehen. Solche, die Sinn machen. Keine dummen Risiken.

Das hebräische Wort für Weisheit bedeutet wörtlich: »das Leben gekonnt leben«.

Wenn du also ein Risiko eingehst, solltest du dich nicht dumm anstellen. Du solltest deinen Kopf benutzen. Dem Herzen Gottes folgen. Und Schritte des Glaubens wagen. Aber Schritte, die Sinn machen. Glaubensschritte am Rande deiner Komfortzone. Glaubensschritte nicht nur in Bezug auf deine Finanzen, sondern in jedem Bereich deines Lebens.

Der Schreiber des Hebräerbriefs sagt uns dies über das Eingehen von Risiken und das Wagnis von Glaubensschritten:

> Ihr seht also, dass es unmöglich ist, ohne Glauben Gott zu gefallen. Wer zu ihm kommen möchte, muss glauben, dass Gott existiert und dass er die,

die ihn aufrichtig suchen, belohnt.

(Hebräer 11,6 NLB)

Furcht und Glaube sind die gleichen Emotionen. Und die Art, wie du dich Gott näherst, sagt viel darüber aus, was du über ihn glaubst.

Glaubst du wirklich, dass du ihm wichtig bist?

Vertraust du wirklich darauf, dass er nur dein Bestes im Sinn hat?

Weißt du wirklich, dass er dir antworten wird?

Denkst du wirklich, dass alle seine Verheißungen ebenso dir gelten?

Wenn ja, dann wirst du auch bereit sein, Glaubensschritte zu unternehmen.

Ich habe festgestellt, dass man nicht glauben und vertrauen kann, wenn man Angst hat. Ich bin überzeugt, man kann nicht ein kleines bisschen Angst haben und gleichzeitig glauben und vertrauen. Dieses kleine bisschen Angst bedeutet, dass du dich fürchtest.

Das Gleiche gilt für ein kleines bisschen Glauben. Man kann nicht ein bisschen Glauben haben und dabei voller Angst sein. Beides kann einfach nicht nebeneinander existieren.

Du musst eine Entscheidung treffen.

Das ist nicht leicht. Aber du musst dich entscheiden.

Auch wenn du besorgt bist, weil das Leben oder der Teufel dir Probleme bereitet, musst du dir eine glaubende Haltung bewahren.

Wenn ich mich nach einer Kingdom Builders Veranstaltung mit Ehepaaren treffe, stelle ich ihnen am Ende unseres Gesprächs immer die gleiche Frage: »Werden wir uns wiedersehen?«

Dadurch erfahre ich eine Menge darüber, ob sie ängstlich oder vertrauensvoll sind.

Glaub mir, ich kenne das aus eigener Erfahrung.

Schon früh konnte ich mit den Besten mithalten, wenn es darum ging, im »Christen-Slang« zu sprechen. Aber mein Glaube war immer von zwei, drei Notfallplänen gestützt, die meine eigene Handschrift trugen.

Irgendwann begriff ich aber, dass wahrer Glaube bedeutet, wirklich auf Gott zu vertrauen. Sprich, wenn Gott sich nicht blicken ließe, dann säße ich richtig in der Klemme.

Für mich war mein erster Glaubensschritt, mein drittes Standbein aufzugeben. Ich wollte ein Drittel weniger arbeiten und Zeit mit meiner Familie verbringen. Ich glaubte Gott und daran, dass er diese Entscheidung segnen würde. Und das tat er auch.

Ich bin nicht sicher, was dein erster Glaubensschritt ist, aber ich weiß, dass du ihn machen musst.

ECHTES RISIKO

Wirklich riskant ist es, im Leben stets auf Nummer sicher gehen zu wollen.

Ich versuche, dies jeden Tag aufs Neue zu verinnerlichen. Ich weiß inzwischen zu viel, um noch auf Nummer sicher zu gehen. Ich habe erlebt, wie Gott sich einschaltete. Immer und immer wieder. Ich weiß, wie treu er tatsächlich ist. Ich weiß auch zu viel, um jeden Tag nur surfen zu gehen und mit meinen Enkelkindern zu spielen. Ich weiß zu viel, um so egoistisch zu sein.

Das ist der Grund, warum Susan und ich auch heute noch etwas riskieren.

Wir sind immer noch im Dienst. Wir leben immer noch ein großzügiges Leben.

Wir stellen immer noch Schecks aus. Und ich reise immer noch über den ganzen Planeten, um diese Botschaft von der Finanzierung des Reiches Gottes zu verbreiten.

Ich kann nicht auf Nummer sicher gehen.

Ich verliere wegen nichts mehr die Nerven.

Ich wage immer noch Glaubensschritte. Susan und ich sind immer noch an der Front. Wir haben keine Angst, wir sind nicht besorgt, wir sind nicht furchtsam.

Ich weiß, wozu ich auf der Welt bin. Ich kümmere mich um alle meine Prioritäten. Ich bin jemand, der nicht lange rumfackelt. Ich habe gelernt, zielführend zu handeln.

Wenn man wirklich etwas riskieren will, muss man effizient sein.

Ich bin fast mein ganzes Leben lang ein Frühaufsteher gewesen. Man muss die Dinge bewusst angehen. Ich stürze mich schon vor dem Frühstück voll in den Tag.

Warum?

Damit ich den nötigen Spielraum habe, um das Reich Gottes voranzubringen. Um die Welt mit dieser Botschaft zu bereisen.

Ich glaube, Gott ruft auch dich dazu auf, echte Risiken einzugehen. Und wenn du ganz ehrlich bist, willst du auch etwas riskieren. Du willst Glaubensschritte wagen. Du willst das Leben der Fülle, das Gott uns in der Bibel verspricht.

Als ich ein Kingdom Builder wurde, hörte ich auf, alles klein und sicher zu halten. Ich hörte auf, aus einer Haltung des Mangels heraus zu arbeiten, zu denken und zu leben. Ich begann, weise Risiken einzugehen.

Wenn ich auf meinen Glaubensweg zurückblicke und auf die Risiken, die ich eingegangen bin, kann ich deutlich sehen, dass Gott auf mich gewartet hat.

Als ich beschloss, meine Berufslaufbahn als Klempner zu beenden, stieg ich komplett aus dem Konzept der Selbstversorgung aus. So sehr ich meine Zeit als Handwerker auch genossen hatte, wusste ich, dass ich einen Glaubensschritt in Richtung einer anderen Karriere machen musste – einer, zu der Gott mich berufen hatte.

Während der nächsten sechs Jahre segnete Gott mich, weil ich alle Brücken hinter mir abgebrochen hatte. Mir selbst keinen Weg zurück freigehalten habe. Mich ganz auf ihn einließ.

Heute habe ich eine göttliche Zuversicht.

Er ist nicht immer dann erschienen, wenn ich es wollte, aber er ist immer pünktlich gewesen.

Weißt du, ich mache immer noch viele dumme Fehler, aber ich gehe Risiken auf die richtige Weise ein. Ich unternehme Glaubensschritte und glaube, dass Gott sich zeigen wird.

Je älter ich werde, desto deutlicher wird mir bewusst, wie wenig ich in Wirklichkeit weiß; doch mein Gottvertrauen ist so groß, dass ich mir keine Sorgen mache. Ich glaube einfach.

FANGE KLEIN AN

Matthäus erzählt in seinem Evangelium eine Geschichte über eines der Wunder Jesu:

> Als sie zu den Volksscharen zurückkamen, trat ein Mensch auf ihn zu, fiel vor ihm auf die Knie und sagte: Herr, hab Erbarmen mit meinem Sohn! Er ist mondsüchtig und hat schwer zu leiden. Oft fällt er ins Feuer und oft ins Wasser. Ich habe ihn schon zu deinen Jüngern gebracht, aber sie konnten ihn nicht heilen.
> Da sagte Jesus: O du ungläubige und verkehrte Generation! Wie lange muss ich noch bei euch sein? Wie lange muss ich euch noch ertragen? Bringt ihn her zu mir! Und Jesus drohte ihm und der Dämon fuhr von ihm aus. Und der Knabe war von jener Stunde an geheilt. Als die Jünger mit Jesus allein waren, wandten sie sich an ihn und fragten: Warum konnten denn wir den Dämon nicht austreiben?
> Er antwortete: Wegen eures Kleinglaubens. Denn, amen, ich sage euch: Wenn ihr Glauben habt wie ein Senfkorn, dann werdet ihr zu diesem Berg sagen: Rück von hier nach dort! und er wird wegrücken. Nichts wird euch unmöglich sein.
>
> **(Matthäus 17,14-20 EÜ)**

Das wahre Wunder ist der Glaube. Hast du bemerkt, was Jesus über den Glauben sagte?

Wenn man auch nur ein kleines bisschen davon hat, kann man das Unmögliche tun.

Die Leute kommen ständig zu mir und fragen: »Wie stelle ich es an, dass ich einen Scheck über 1.000.000 Dollar ausstellen kann?«

Und weißt du, was ich ihnen sage? »Fangen Sie mit dem 5.000-Dollar-Scheck an.«

Im Laufe der Jahre habe ich zu viele Menschen kennengelernt, die glauben, sie würden zum Kingdom Builder, sobald sie die nächste Beförderung bekommen oder ihr Unternehmen einen bestimmten Umsatz erreicht. Doch wenn sie an diesen Punkt kommen, tun sie es trotzdem nicht, weil sie dann mehr Geld verdienen.

Oft sagen mir Leute: »Also ich kann es mir nicht leisten, den Zehnten zu geben.« Ich sage dann einfach: »Ich glaube, Sie können es sich nicht leisten, den Zehnten nicht zu geben. Wenn man Ihnen nicht Weniges anvertrauen kann, dann wird Ihnen auch nicht viel anvertraut werden.«

Wenn du nicht den Zehnten gibst, wenn du 100 Dollar am Tag verdienst, wie willst du es dann tun, wenn du 1.000 Dollar am Tag verdienst? Letztendlich dreht es sich immer um Angst oder Glaube. Und ob du Gott wirklich vertraust oder nicht.

Wenn du nicht großzügig sein kannst, solange du wenig hast, wirst du auch nicht großzügig sein, wenn du viel hast. Es ist dann zu schwer. Einfach viel zu schwer.

Du musst die nötige Reife haben. Du musst persönlich wachsen. Und du musst jetzt anfangen, mit dem, was du hast.

Ich weiß nicht, was in deinem Leben das Unmögliche ist. Ich weiß nicht, mit welchen Dämonen du kämpfst.

Aber ich vertraue auf das, was Jesus in der vorstehenden Bibelstelle gesagt hat: Wenn man nur ein kleines bisschen Glauben hat, kann man alles schaffen.

Ich weiß nicht, wie dein Glaubensschritt aussieht, aber Gott kennt ihn. Der beste Rat, den ich dir geben kann, ist dieser: Gebrauche, was du in der Hand hast. Unternimm einfach einen Glaubensschritt.

Ein Mann rief mich mal an und fragte: »Andrew, kann ich mit dir einen Kaffee trinken gehen?«

Ich sagte: »Klar.« Er war Bauunternehmer und ich dachte mir, dass wir viel gemeinsam haben würden.

Wir trafen uns und nach zehn Minuten Unterhaltung stellte er mir all diese elementaren Fragen über das Bauen. Also sagte ich: »Bro, als Bauunternehmer solltest du all das doch wissen.« Er antwortete: »Ich bin kein Baufachmann. Ich komme eigentlich aus der IT-Branche.«

Also fragte ich ihn: »Was machst du dann mit einer Baufirma?«

Er meinte: »Naja, ich sah all diese Bauunternehmer, die gutes Geld verdienen, also habe ich eine Baufirma gekauft.«

Ich sagte darauf: »Kumpel, ich sehe all diese Typen in der IT, habe aber trotzdem keine IT-Firma gekauft. Ich mag Steak, aber ich habe keine Metzgerei gekauft. Bro, was machst du da bloß?«

Er ging pleite. Das Gras auf der anderen Seite sah grüner aus. Und er dachte: »Das mach ich jetzt auch.« Er traf eine dumme Entscheidung. Und ging dabei ein folgenschweres Risiko ein.

Gott hat jedem von uns andere Talente gegeben. Also versuche nicht, das Gleiche zu tun, was andere Leute tun. Tue das, worin du dich auskennst. Und unternimm weiterhin Glaubensschritte.

Nutze, was du in der Hand hast.

Man muss mit dem arbeiten, was man hat.

In Römer 8,28 (HFA) heißt es:

> Wer Gott liebt, dem dient alles, was geschieht, zum Guten. Dies gilt für alle, die Gott nach seinem Plan und Willen zum neuen Leben erwählt hat.

Also frage dich: Bewege ich mich innerhalb von Gottes Plan? Tue ich das, wozu ich berufen bin? Du musst das, was deine Aufgabe ist, auch wirklich gern tun.

Ich bin im Baugewerbe tätig. Ich liebe es, Dinge zu bauen. Ich liebe es zu sehen, wie eine Idee aus dem Boden wächst und zu einer echten, greifbaren Sache wird. Das ist es, was ich tue.

Ich entwerfe nicht, was wir bauen, denn ich bin nicht kreativ.

Aber wenn du mir einen Plan gibst, kann ich alles bauen.

Worin bist du begabt?

Welche kleinen Schritte musst du gehen?

Inwiefern vertraust du Gott mit dem, was du im Moment hast?

Das alles sind wichtige Fragen. Glaubensfragen. Lebensfragen.

Merke dir, dass es so etwas wie einen »falschen Schritt« nicht gibt.

Die meisten Menschen warten auf den perfekten

Zeitpunkt. Vielleicht hast du dir sogar gesagt, dass jetzt nicht der richtige Zeitpunkt sei.

Willst du wissen, was ich herausgefunden habe? So etwas wie den »richtigen Zeitpunkt« oder den »falschen Zeitpunkt« gibt es nicht. Geh einfach den Schritt.

Manchmal habe ich gewartet und das war eine dumme Entscheidung. Weißt du, wenn Gott dahintersteht, dann wird er dafür sorgen, dass es funktioniert. Er kann die Dinge beschleunigen, wenn sie beschleunigt werden müssen. Und er kann Dinge verlangsamen, wenn sie verlangsamt werden müssen.

Er ist Gott.

Er beherrscht die Lage.

Er hält dich.

Und er wartet darauf, dass du diesen kleinen Glaubensschritt unternimmst und ihm die Gaben und Ressourcen anvertraust, die er dir anvertraut hat.

Worauf wartest du noch?

UNTER BESCHUSS = VOLL AUF KURS

Die Nummer eins unter den Dingen, derer du dir sicher sein kannst, wenn du einen Glaubensschritt unternimmst: Du wirst angegriffen werden. Und das ist eine gute Sache, denn dann weißt du, dass du auf dem richtigen Weg bist.

Der Teufel will nicht, dass du das Reich Gottes voranbringst.

Der Teufel will nicht, dass du mit Gott »all-in« gehst.

Der Teufel will nicht, dass du etwas riskierst.

Der Teufel möchte, dass du bequem, zufrieden und selbstgefällig bist.

Wenn du also im Glauben einen Schritt nach vorne machst, malst du dir damit eine Zielscheibe auf den Rücken. Susan und ich haben das am eigenen Leib erfahren. Wir haben persönliche, körperliche und Angriffe auf unsere Beziehung erlebt.

Wenn du denkst, du stehst außer Gefahr, vom Teufel ausgeschaltet zu werden, ist das der Moment, in dem du tatsächlich ausgeschaltet wirst.

Innerhalb von etwa achtzehn Monaten war ich in vier verschiedene Unfälle verwickelt. Der letzte hätte mich fast umgebracht. Nach ein paar gebrochenen Rippen, Fingern, Handgelenken und einer gerissenen Kniesehne weiß ich, dass der Teufel es auf mich abgesehen hat.

Ich weiß noch, was ich damals dachte: Was kommt als Nächstes? Was wird jetzt wieder passieren?

Ich wusste, dass ich auf dem richtigen Weg war. Und auch, dass der Teufel versuchte, mich umzubringen.

Du solltest dir unbedingt darüber im Klaren sein, dass der Teufel es hasst, wenn du Gott vertraust bist. Und er wird aktiv daran arbeiten, dich an deinem Glauben zweifeln zu lassen, an deiner Berufung als Finanzier des Reiches Gottes und an den Verheißungen Gottes an sich.

Die Bibel sagt uns, dass der Teufel sich aktiv darum bemüht, uns zu berauben, zu ermorden und zu zerstören (siehe Johannes 10,10).

Wenn du deine Hand hebst, in der Bereitschaft zu dienen, kannst du garantiert damit rechnen, dass Kummer und Schwierigkeiten auf dich zukommen werden.

Aber du kannst auch sicher sein, dass Gott treu zu seinen Verheißungen steht.

In 1. Petrus 5,8–11 (NLB) lesen wir von diesen Attacken und auch, wie Gott darauf reagieren wird:

> Seid besonnen und wachsam und jederzeit auf einen Angriff durch den Teufel, euren Feind, gefasst! Wie ein brüllender Löwe streift er umher und sucht nach einem Opfer, das er verschlingen kann. Ihm sollt ihr durch euren festen Glauben widerstehen. Macht euch bewusst, dass alle Gläubigen in der Welt diese Leiden durchmachen.
> Gott hat euch in seiner Gnade durch Christus zu seiner ewigen Herrlichkeit berufen. Nachdem ihr eine Weile gelitten habt, wird er euch aufbauen, stärken und kräftigen; und er wird euch auf festen Grund stellen. Ihm gehört alle Macht für immer und ewig. Amen.

Epheser 6,11–17 (NLB) unterweist uns, wie wir den Teufel bekämpfen können, wenn wir angegriffen werden:

> Legt die komplette Waffenrüstung Gottes an, damit ihr allen hinterhältigen Angriffen des Teufels widerstehen könnt. Denn wir kämpfen nicht gegen Menschen aus Fleisch und Blut, sondern gegen die bösen Mächte und Gewalten der unsichtbaren Welt, gegen jene Mächte der Finsternis, die diese Welt beherrschen, und gegen die bösen Geister in der Himmelswelt. Bedient euch der ganzen Waffenrüstung Gottes. Wenn es dann so weit ist, werdet ihr dem Bösen widerstehen können

und noch aufrecht stehen, wenn ihr den Kampf gewonnen habt. Sorgt dafür, dass ihr fest steht, indem ihr euch mit dem Gürtel der Wahrheit und dem Panzer der Gerechtigkeit Gottes umgebt. Eure Füße sollen für die gute Botschaft eintreten, die den Frieden mit Gott verkündet. Setzt den Glauben als einen Schutzschild ein, um die feurigen Pfeile des Satans abzuwehren. Setzt den Helm eurer Rettung auf und nehmt das Wort Gottes, euer Schwert, das der Geist euch gibt.

Wahrheit. Gerechtigkeit. Das Evangelium des Friedens. Glaube. Und der Heilige Geist.

Das sind unsere Waffen.

Was ist Wahrheit? Die Wahrheit ist eine Person. Ihr Name ist Jesus. Und Wahrheit ist die Bibel, die Worte Gottes als solche.

Was ist Gerechtigkeit? Gerechtigkeit ist, richtig zu leben. Es ist der Wandel an Gottes Seite. Eine Person zu sein, die integer ist.

Was ist das Evangelium des Friedens? Das Evangelium ist die gute Nachricht vom Reich Gottes. Es ist die Verheißung, dass Gott dich heil und heilig macht.

Was ist Glaube? Glaube bedeutet Risiko. Er bedeutet, an Gottes Seite zu bleiben, egal, was passiert, und darauf zu vertrauen, dass er treu zu seinen Verheißungen steht.

Und dann ist da noch der Heilige Geist, der in jedem Kind Gottes lebendig ist. Der Heilige Geist ist da, um dich zu lehren, zu führen und dich vor dem Teufel zu schützen.

Ich möchte mit Jesu eigenen Worten schließen:

Jesus fragte: »Jetzt glaubt ihr? Doch es kommt die Zeit – ja, sie ist schon angebrochen –, da werdet ihr zerstreut werden, und jeder wird seine eigenen Wege gehen und mich verlassen. Doch ich bin nicht allein, denn der Vater ist bei mir. Ich habe euch das alles gesagt, damit ihr in mir Frieden habt. Hier auf der Erde werdet ihr viel Schweres erleben. Aber habt Mut, denn ich habe die Welt überwunden.«

(Johannes 16,31-33 NLB)

Wie gut ist das denn? Schwierigkeiten sind garantiert, aber wir können uns darauf verlassen, dass Jesus die Welt überwunden hat.

IN UNSICHEREN ZEITEN BAUEN

———

Der Muttertag sieht dieses Jahr anders aus. Zum Zeitpunkt der Entstehung dieses Buches hat die Regierung des australischen Bundesstaats New South Wales als Reaktion auf die Covid-19-Pandemie Einschränkungen erlassen.

In kürzester Zeit kann sich vieles dramatisch verändern.

Vom »normalen« Leben hin zu der Tatsache, dass sich neben meiner unmittelbaren Familie nur noch zwei weitere Personen als Besucher in meinem Haus aufhalten dürfen. »Social Distancing« und Handdesinfektionsmittel sind jetzt ein Muss.

Cafés und Restaurants sind geschlossen. Die Art, wie wir Lebensmittel einkaufen, hat sich geändert. Ich muss mir jetzt einen Quarantänepass besorgen, um Inlandsflüge zwischen den Bundesstaaten Australiens unternehmen zu dürfen. Gälte mein Bauunternehmen nicht als unentbehrliche Dienstleistung, dürfte ich überhaupt nicht mehr fliegen.

Auch die Gottesdienste sind jetzt anders. Wir können uns nicht mehr physisch versammeln, also stellen wir sicher, dass unsere Online-Angebote so gut wie nur möglich sind, um unseren Gemeinden und darüber hinaus zu dienen.

Das Leben findet jetzt über Zoom, Telefonate und FaceTime statt.

Im Februar 2020 besuchte ich die Standorte der Hillsong Church in Dänemark. Einige Wochen später war ich in Norwegen – und am Tag nach meinem Abflug hat das ganze Land dichtgemacht!

Die Welt spürt die schwerwiegenden Auswirkungen der Beschränkungen und deren Welleneffekte sind weitreichend. Es betrifft nicht nur meine kleine Blase in Sydney oder deine kleine Blase, wo immer du dich auf dem Globus befindest.

Diese besondere Krise hat die ganze Welt auf einen Schlag verändert!

Diesen Kontrollverlust zu akzeptieren erfordert ein hohes Maß an Vertrauen. Wenn wir unter Anspannung, in Unruhe und in Besorgnis geraten (das sind alles nur andere Bezeichnungen für Angst), dann hat der Teufel schon einen Teilsieg über uns errungen.

Sei nicht ängstlich, sei vertrauensvoll!

Die ganze Welt wird im Moment mit enorm viel Angst überschüttet. Die Angst vor dem, was »vielleicht« passieren könnte, lässt die Menschen unüberlegte und unkluge Entscheidungen treffen. Wir müssen auf Gottes sichere Verheißungen bauen, nicht auf die unsicheren Vorhersagen der Welt.

Gott wusste von dieser Pandemie, bevor wir von ihr wussten. Er hat bereits die Antworten. Die besten Strategien.

Es ist möglich, auch dann noch »all in« zu bleiben, wenn die Umstände dir sagen, du solltest »all out« gehen.

GOTT TRITT STETS AUF DEN PLAN

Wir alle wünschen uns Wunder, wollen uns aber nicht auf extreme Situationen einlassen, in denen wir mit Sicherheit eines bräuchten. Aber jetzt stell dir vor, wie Gott sogar eine Covid-19-Pandemie gebrauchen kann, um andere Probleme zu lösen – in deinem Privatleben, deinem Unternehmen oder deinen Finanzen.

Was passiert, wenn Gott in einer Krise auf den Plan tritt? Er gibt Antworten, die sogar besser sind, als wir es uns vorstellen können.

Ich finde es spannend, dass ich in dieser Zeit so viele Wundergeschichten über Kingdom Builder höre, die sogar in der Lage sein werden, mehr zu geben als das, wozu sie sich derzeit verpflichtet haben bzw. mehr als jeder andere Betrag, den sie jemals zuvor gegeben haben. Ein Freund aus meiner Church-Connect-Gruppe erzählte kürzlich, die letzten achtzehn Monate seien in zwanzig Jahren Selbstständigkeit die schlimmsten gewesen. Du kannst dir sicher vorstellen, wie sehr ihm der Pandemie-Lockdown zu schaffen machte.

Allerdings hat sein Unternehmen jetzt gerade sein bestes April-Umsatzergebnis aller Zeiten gehabt. Tatsächlich ist der April 2020 besser gelaufen als jeder einzelne der letzten zwölf Monate.

> Jesus erwiderte: »Ich versichere euch: Jeder, der Haus oder Brüder oder Schwestern oder Mutter oder Vater oder Kinder oder Besitz um meinetwillen und um der guten Botschaft willen aufgegeben hat, wird jetzt, in dieser Zeit, alles

hundertfach zurückerhalten: Häuser, Brüder, Schwestern, Mütter, Kinder und Besitz – wenn auch mitten unter Verfolgungen. Und in der künftigen Welt wird er das ewige Leben haben. Doch viele, die jetzt wichtig zu sein scheinen, werden dann die Geringsten sein, und die, die hier ganz unbedeutend sind, werden dort die Wichtigsten sein.«

(Markus 10,29-31 NLB)

Kommt es dir so vor, als würdest du im Moment sehr viele Opfer bringen? Schwierigkeiten werden kommen, aber das ist nicht das Ende deiner Geschichte. Die Frage ist, ob du dich selbst an die erste Stelle setzt – oder Gott.

In unsicheren Zeiten müssen wir uns daran erinnern, dass es nicht nur ums Geld geht; es geht um den Zustand des Herzens. Unsere Fähigkeit (unsere Mittel), großzügig zu sein, kann sich in der Krise ändern, aber unsere Überzeugung (Werte und Prinzipien) bezüglich der Großzügigkeit bleibt gleich.

Es gibt da einen Geschäftsmann, den ich sehr gut kenne. Sein Name ist Sam. In scheinbar einem Augenblick wurde wegen der Covid-19-Pandemie die Arbeit von zehn Wochen für unbestimmte Zeit auf Eis gelegt.

Sam erzählte, wie er deutlich spürte, dass Gott ihm Wegweisung gab: »Sam, du wirst diese Situation durch Geben überwinden.« In den folgenden Wochen handelte er nach diesem Wort. Sam beschloss, kostenlose Dienstleistungen für Kunden anzubieten und gleichzeitig seine Mitarbeiter zu bezahlen, die zu Hause waren und nicht arbeiten konnten.

Ich werde nie vergessen, wie ich Sam während dieser Zeit anrief. Es gab einige Arbeiten an meiner Garage zu erledigen und ich wollte ihm den Auftrag dazu erteilen.

»Ist gut, ich kümmere mich darum. Aber nur, wenn ich es kostenlos machen kann.«

»Was? Ich habe dich nicht gebeten, es gratis zu machen, Sam. Ich bin in der Lage, dich zu bezahlen, und ich will dich auch bezahlen.«

»Oh, ich weiß, dass du mich bezahlen kannst, Andrew. Aber das ist nicht der Punkt. Es soll eine Saat sein.«

Ich war verblüfft. Hier war ein Mann, der gerade keine anderen Aufträge in Aussicht hatte. Aber er säte in unsicheren Zeiten immer noch Samen der Großzügigkeit und glaubte, dass Gott eine Ernte heranwachsen lassen würde.

> Die Welt der Großzügigen wird größer und größer,
> die Welt der Geizigen wird kleiner und kleiner.
>
> **(Sprüche 11,24 MSG)**

Nun, Sam erlebte schnell, wie sich die Verheißung dieses Verses für ihn erfüllte: Auf dem Weg zurück von meinem Haus bekam er einen unerwarteten Anruf. Ihm wurde ein größerer Auftrag angeboten. Die Arbeit, für die er fünfzehn Leute anheuern musste, sollte innerhalb von zwei Tagen beginnen!

Gott tritt in Krisen stets auf den Plan. Sam musste erst säen. Dann verwandelte sich seine Großzügigkeit in eine Ernte wunderbarer Möglichkeiten und Versorgung.

EINE ANDERE ART VON ÖKONOMIE

»Das sind 25 Prozent mehr als der Angebotspreis!«

Bis zu den Pandemie-Einschränkungen in meinem Teil der Welt besaß ich ein Stück Land, das ich nicht einmal hätte verschenken können, selbst wenn ich gewollt hätte! Wie wir Aussies manchmal sagen: Es hat mir ein Loch in die Tasche gebrannt.

Ich verlor Geld mit dieser Liegenschaft, aber es war keine Lösung in Sicht.

Situationen wie diese könnten beunruhigend sein, aber ehrlich gesagt, schlafe ich nachts sehr gut. Ich weiß, dass Gott alles unter Kontrolle hat. Das ist keine Arroganz, sondern die göttliche Zuversicht, über die ich zuvor geschrieben habe.

Dinge, von denen die Gesellschaft sagt, dass sie einen stressen, sollten dich nicht stressen, weil wir unter einer anderen Art von Ökonomie leben. Zurück zum Grundstück: Im Moment, während ich dies schreibe, habe ich zwei potenzielle Käufer, die versuchen, sich gegenseitig zu überbieten. Ja, ganz genau. Und das während einer global unsicheren Lage. Als Ergebnis bekomme ich möglicherweise ein Viertel mehr als den ursprünglichen Angebotspreis.

Ich erzähle das nicht, um zu prahlen, sondern um dir zu zeigen, dass Gott in der Lage ist, auch in deinen Umständen alle Dinge zum Guten zu gebrauchen. Wenn die Versorgung kommt, dann kommt sie – und es wird keinen Zweifel daran geben, dass Gott mitgewirkt hat.

Göttliches Vertrauen zu haben, ebnet den Weg für

Wunder. Ich rechne zwar mit Herausforderungen, aber ich habe die unerschütterliche Erwartungshaltung, dass Gott sich um alles kümmern wird, wenn ich weise Entscheidungen treffe und seine Verheißungen in Anspruch nehme.

Wir haben einen unfairen Vorteil; wir können um Gottes Gunst und das Wohlwollen der Menschen beten. Sogar solcher, von denen man es am wenigsten erwartet.

> Gute Menschen hinterlassen ihren Nachkommen ein Erbe, der Reichtum der Sünder aber fällt an die Gottesfürchtigen..
>
> **(Sprüche 13,22 NLB)**

Die Welt mag sagen, dass die Lage düster ist, aber wir werden inmitten und als Ergebnis einer nie dagewesenen Krise einen beispiellosen Segen erleben.

Irgendwann werden wir zurückblicken und erkennen, dass wir optimal aufgestellt waren.

DIE ZEIT LEHRT UND DIE KRISE OFFENBART

Meine grauen Barthaare zeigen zwei Dinge: Ich habe das Leben schon eine Weile gelebt und ich bin immer noch da, um darüber zu schreiben.

Die Zeit hat mich gelehrt, dass ich nichts von dem, was ich tue, allein tun kann. Ich brauche Gott. Das ist eine großartige Erkenntnis und sie macht das Leben zu einem sehr viel besseren.

Susan und ich haben kürzlich über eine andere Krise nachgedacht, die wir vor über einem Jahrzehnt überstehen mussten, die Finanzkrise von 2007/2008. Sie hat uns schwer getroffen. Ich weiß noch, wie ich ein Jahr später buchstäblich auf die Knie ging und Gott anflehte, uns zu helfen.

Und er hat uns geholfen, aber nicht so, wie wir es erwarteten. Es fiel auch kein Geld vom Himmel (das wäre toll gewesen). Stattdessen nutzte er diese Krise, um uns auf zukünftige Krisen vorzubereiten.

In den guten Zeiten habe ich nie etwas gelernt. In guten Zeiten sind wir alle Genies. Aber in harten Zeiten, wenn es dich persönlich trifft, lernst du deine Lektionen.

Wir waren in der Lage, Schwachstellen in unserem Geschäftsmodell zu erkennen, und haben Änderungen vorgenommen, die uns jetzt in der aktuellen Covid-19-Krise geholfen und geschützt haben. Tatsächlich werden wir auch in den aktuell herrschenden Zeiten stärker und entwickeln uns weiter.

War es damals im Jahr 2008 einfach? Nein! Hat sich alles über Nacht geändert? Nein, natürlich nicht. Aber Gott ist treu. Was offenbart dir das »Hier und Jetzt«? Was wird die Zeit dich lehren dürfen?

Wenn man lernt, auch in schwierigen Zeiten zu geben, bereitet es einen darauf vor, mit zukünftigem Wohlstand und Segen besser umgehen zu können.

Alles, was wir tun, hat seine Ursache und seine Wirkung. Wenn wir uns entscheiden, zu vertrauen, zu gehorchen und diese Glaubensschritte zu machen, kann eine Vision immer noch Realität werden, sogar in einer Krise.

Auch wenn es schwerfällt, das zu akzeptieren, aber dein Charakter, die Gründe für dein Tun und die Art, wie du dabei vorgehst, werden in der Krise offenbar.

Eine Krise zeigt auf, wofür du bereits vor der Krise die Weichen gestellt hast. Wenn du vor einer Krise unklug warst, kann es sein, dass du nur begrenzt in der Lage sein wirst, die schwierigen Zeiten zu überstehen. Wenn du jedoch schon vor dem Hereinbrechen einer Krise auf geistlich gesunde Weise mit deinem Unternehmen und deinen Finanzen umgehst, wirst du in einer besseren Position sein, um mit dem, was vor dir liegt, gut fertigzuwerden.

Es läuft alles auf die vier Regeln hinaus, die ich bereits ausgeführt habe.

Es kommt darauf an, dass wir ein diszipliniertes Leben führen.

> Der Weg zum Leben ist ein diszipliniertes Leben;
> ignoriere Korrektur und du bist für immer verloren.

(Sprüche 10,17 MSG)

Hier sind drei weitere Regeln, die in meinem Leben immer Gültigkeit haben, unabhängig von den Umständen:

Erstens: Ich lese täglich meine Bibel. Unterschätze nicht die Kraft, die im Lesen deiner Bibel steckt! Lies sie mit der festen Erwartung, dass Gott jeden Tag zu dir sprechen wird.

Ich weigere mich, sie wegzulegen, bis er zu mir

gesprochen und mir mein Wort für den Tag gegeben hat. Ich lebe mein Leben in einer Weise, die mich Glaubensschritte unternehmen lässt, die der Teufel attackiert; ich bin darauf angewiesen, dass Gott jeden einzelnen Tag zu mir spricht.

Meine Seele braucht genauso Nahrung, wie mein Körper seine täglichen Mahlzeiten braucht! Ja, wir brauchen auch andere Ressourcen wie Bücher, Kurse, Podcasts und Predigten, aber die Bibel muss unser Fundament sein.

Sobald ich diesen Vers habe, teile ich ihn mit anderen. Zuerst gebe ich ihn über unsere WhatsApp-Gruppe an meine Familie weiter und dann auch an andere. Ich mache das schon seit einiger Zeit so, inzwischen wird es liebevoll »Dentons Tagesvers« genannt.

Zweitens: Ich bete täglich gemeinsam mit Susan. Ich liebe es, mit meiner Frau zu beten. Sehr viele Menschen sind verheiratet, leben aber trotzdem allein. Der Teufel will Ehen trennen, weil er die Macht dieses geistlichen Bundes versteht.

Wenn du unverheiratet bist, bete täglich mit zwei anderen Menschen, denen du vertraust und die offen mit dir reden dürfen.

Sei gewissenhaft und transparent. Sprich frei aus deinem Herzen. Redet zuerst offen miteinander, dann lasst das Gebet folgen. Durch ehrliche Kommunikation kann der Heilige Geist die Kernpunkte aufzeigen, die bestimmen, wie wir anschließend füreinander beten.

Wir Kingdom Builder werden immer Herausforderungen haben. Der Teufel hasst unser Leben des Glaubens. Das Gebet errichtet einen Schutz um dich bzw. euch herum.

Als Drittes und Letztes: Ich denke jeden Tag über meine Träume und Ziele nach. Und das kann ich nur tun, weil ich sie aufgeschrieben habe!

> Da antwortete mir der Herr und sagte: »Was ich dir jetzt zeigen werde, sollst du säuberlich auf Tafeln schreiben, damit es jeder mühelos im Vorbeigehen lesen kann.«

(Habakuk 2,2 NLB)

Du brauchst Ziele in allen Bereichen des Lebens: Dienst, Beruf, Familie, Ehe, Gesundheit und Finanzen. Du musst eine klare Vision und Träume haben, an denen du dich in Krisen festhalten kannst. Sie werden dich davon abhalten, in den Überlebensmodus zu schalten.

Ohne festgeschriebene Ziele wirst du nicht tun, was du tun musst, um ein gesundes und fruchtbares Leben zu führen.

Die Zeit hat uns gelehrt und die Krise hat es offenbart: Ein Kingdom Builder zu sein, bedeutet nicht nur, nach außen sichtbare Dinge für Gott zu bauen. Es bedeutet auch, ihn in unserer Seele bauen zu lassen.

> Lieber Freund, ich bete, dass es dir in jeder Hinsicht gut geht, und dass dein Körper so gesund ist, wie ich es von deiner Seele weiß.

(3. Johannes 1,2 NLB)

Ich habe vielleicht keine Haare auf dem Kopf, aber ich habe mich entschieden, im Geist jung zu bleiben! Diese Wahl muss man bewusst treffen.

ÜBERLASSE JESUS DIE FÜHRUNG UND NIMM DIESES GOTTESLEBEN AN

»Andrew, hast du irgendeinen Rat für Kingdom Builders, die gerade ziemlich im ›Schlamassel‹ stecken?« Eine ehrliche und offene Frage, die eine junge Frau mir vor nicht allzu langer Zeit stellte.

Dies ist die Bibelstelle, mit der ich sie ermutigte:

> Er rief die Menge zu sich und seinen Jüngern und sagte: »Jeder, der mit mir kommen will, muss mir die Führung überlassen. Ihr seid nicht auf dem Führersitz; ich bin es. Lauft nicht vor dem Leiden davon, sondern nehmt es an. Folgt mir und ich werde euch zeigen, wie. Selbsthilfe ist überhaupt keine Hilfe. Selbstaufopferung ist der Weg, mein Weg, um euch zu retten, euer wahres Selbst. Was würde es nützen, alles zu bekommen, was ihr wollt, und dabei euch selbst, euer wahres Ich zu verlieren? Wofür könntet ihr eure Seele jemals eintauschen?«
>
> **(Markus 8,34-37 MSG)**

Jesus lädt uns ein, uns von ihm führen zu lassen. Das erfordert Demut und Gehorsam.

Strebe nach Weisheit, erbitte Hilfe, beginne mit

täglicher Disziplin! Schlucke deinen Stolz hinunter und tue Buße; kehre wieder um. Es ist nie zu spät, um wieder auf den richtigen Weg zu kommen.

Ich bin so froh, dass wir einem Gott der Gnade dienen. Es wird harte Arbeit erfordern, um die negativen Folgen zu beheben, aber du kannst immer noch zurück in die Spur kommen.

Auch in meinem Leben gab es Zeiten, in denen ich die Hand heben, meine Fehler eingestehen und den Herrn bitten musste, mein Leben anzuführen. Und dann musste ich gehorchen – egal, ob ich die Ergebnisse meines Gehorsams auf dieser Seite der Ewigkeit sehe oder nicht.

Wir tun nicht Buße und gehorchen, nur, um Segnungen zu erhalten; wir tun Buße und gehorchen, um eine innige Beziehung und Verbindung mit Jesus zu haben.

Gestatte mir, dich mit meinem Aussie-Slang zu ermutigen: Sieh zu, dass du »ganz fix« zu Gott zurückkehrst. In einer Krise gibt es immer Hoffnung. Wir können aus harten Zeiten immer noch fruchtbar hervorgehen, auch wenn wir unkluge Entscheidungen getroffen haben.

Bring dein Leben in Ordnung. Wir alle wissen, was zu tun ist, wir tun es nur nicht! Das Wichtigste ist die Umsetzung: Das Problem zu erkennen, sich davon abzuwenden, die Lektion zu lernen und mit Jesus an der Spitze vorwärts zu gehen.

Das ist der Punkt, um den sich bei der Errettung alles dreht: Wir können nichts davon aus eigener Kraft tun. Wir brauchen immer unseren Retter, Jesus Christus.

Jesus war da ganz klar: »Nehmt dieses Gottesleben an. Nehmt es wirklich an, und nichts wird zu schwer für euch sein. Dieser Berg zum Beispiel: Sagt einfach: ›Geh und spring in den See‹ – ohne langes Hin und Her, ohne wankelmütig zu sein –, und es ist so gut wie erledigt. Deshalb bitte ich euch dringend, für absolut alles zu beten, von klein bis groß. Schließt alles mit ein, wenn ihr dieses Gottesleben annehmt, und ihr werdet von Gott alles bekommen. Und wenn ihre eine betende Haltung einnehmt, denkt daran, dass es nicht nur ums Bitten geht. Wenn ihr etwas gegen jemanden habt, vergebt ihm – nur dann wird euer himmlischer Vater geneigt sein, eure Sünden zu tilgen.«

(Markus 11,22-25 MSG)

»Nehmt dieses Gottesleben an.« Wenn du dein Leben in Ordnung bringst, den nächsten Glaubensschritt machst und auf Gott vertraust, wird er sich um dich kümmern. Du wirst dann in der Lage sein, zu allen Zeiten zu bauen, auch in den unsicheren.

VOR UNS LIEGEN SPANNENDE TAGE

Diese Covid-19-Krise, und jede andere Krise, kann Kingdom Builders strategischer, zielgerichteter und effektiver machen. Ich weiß nicht, wie es dir geht, aber ich nutze jetzt Technologie, um Dinge zu tun, die wir vorher schon so hätten tun können, aber es bestand nicht die Notwendigkeit dazu. Jetzt ist es die einzige Option.

Einrichtungen und Gebäude sind nicht die bestimmenden Parameter für unsere Kirchen. Diese unsichere Zeit hat gezeigt, dass wir jetzt durch die Technologie die Möglichkeit haben, ein größeres Publikum mit der Botschaft des Evangeliums und der Jüngerschaft zu erreichen. Uns hat sich die Möglichkeit eröffnet, noch viel mehr Menschen zu helfen. Die Menschen sind jetzt empfänglicher für das Evangelium.

Dies ist die Zeit, um zu säen! Wir treffen uns vielleicht nicht in Gebäuden, aber auch die krisenbedingte Schaffung innovativer Wege kostet Geld.

Wenn wir uns auf das Reich Gottes ausgerichtet haben und unsere geistlichen Ohren und Augen mit dem Heiligen Geist im Einklang sind, werden sich Gelegenheiten ergeben, ein Segen zu sein.

Wir sind nicht dazu aufgerufen, nur dann zu geben, wenn die Lage sicher ist. Wir sind dazu aufgerufen, auch in unsicheren Zeiten zu bauen.

Dies ist eine Gelegenheit für Kingdom Builders, großzügig zu sein – und dafür, sich nicht zurückzuziehen!

SCHLUSSWORT

ES IST ZEIT, ZU BAUEN

Du bist also bis hierhin gekommen und willst wissen, was du als Nächstes tun kannst?

Nun, ich habe dieses Buch aus einem einzigen Grund geschrieben: Es soll die Botschaft vermitteln, wie die Finanzierung des Reiches Gottes funktioniert.

Mein Gebet ist, dass dieses kleine Buch es rund um den Globus zu den großen und kleinen Kirchen schafft.

Wenn du, wie ich, ein Laie in der Kirche bist, solltest du direkt zu deinem Pastor gehen und ihn wissen lassen, dass du »all-in« bist. Dass du ihm den Rücken stärkst. Und dass du dich verpflichten wirst, über deinen normalen Zehnten und deine Opfergaben hinaus zu geben.

Wenn du Pastor bist und das liest, solltest du an jeden in der Gemeinde eine offene Einladung aussprechen, sich der Vision anzuschließen, die Gott dir aufs Herz gelegt hat. Mach keine Unterschiede, behandle alle gleich. Und bitte Gott, einen Kingdom Builder zu berufen, der seine Vorreiterrolle annimmt und bereit ist, seine Geschichte zu erzählen.

Zu euch beiden sage ich: »Der Hahn ist voll aufgedreht. Gott wartet darauf, dass ihr glaubt. Darauf, dass ihr den ersten Glaubensschritt macht.«

Pastor, du bist der Priester, der dazu berufen ist, eine Vision zu vermitteln. Und du, Laie, bist der König, der dazu berufen ist, sicherzustellen, dass die nötigen Mittel vorhanden sind.

Wenn ihr zusammenarbeitet, könnt ihr das Reich Gottes in eurer kleinen Ecke der Welt weiter voranbringen.

Ihr könnt eine Armee von Kingdom Builders aufstellen, die bereit sind, mit Gott »all-in« zu gehen.

Ihr könnt den Weg weisen, indem ihr dienende Leiter seid. Indem ihr einen Schritt des Glaubens wagt.

Und ich glaube, dass dieser erste Glaubensschritt darin besteht, möglichst viele von der Gemeinde zu versammeln und diese einfache Botschaft weiterzugeben.

Ich garantiere euch, ihr werdet überrascht sein, wer alles auftaucht.

Wahrscheinlich nicht diejenigen, die man erwarten würde. Und das ist gut so. Denn unser Gott ist ein Gott, der uns überrascht, indem er die Kleinen und Geringsten gebraucht, um sein Reich voranzubringen. Vergesst nicht: Susan und ich waren keine Millionäre, als wir unseren ersten Scheck ausstellten. Also schließt niemanden aus.

Nicht den Handwerker.

Nicht die Alleinerziehende.

Niemanden.

Unternehmt einfach den ersten Glaubensschritt, indem ihr Menschen versammelt und die Vision vermittelt und eure Verpflichtung, Männer und Frauen an den Start zu bringen, die das Reich Gottes bauen.

Ich schlage vor, ihr trefft euch nach der Veranstaltung zur Einführung der Kingdom Builders mit interessierten Einzelpersonen und Paaren. Findet heraus, was sie am meisten angesprochen hat, und fordert sie dann auf, ihren ersten Glaubensschritt zu tun.

In den Einzelgesprächen stelle normalerweise ich die erste Frage; am Ende des Buches habe ich ein paar Beispielfragen zusammengestellt, die für diese Gespräche hilfreich sind.

Die wahren Kingdom Builders werden sich selbst zu erkennen geben. Sie werden die Hand heben. Sie werden die Initiative ergreifen. Also seid bereit für sie, wenn sie euch aufsuchen.

Eure Aufgabe ist es, einfach nur die Leute zu versammeln, dann aufzustehen und die Vision zu vermitteln bzw. eine einfache Geschichte des Gebens zu erzählen.

Den Rest tut Gott.

Ihr könnt ihn darin prüfen und sehen, ob er treu seine Zusagen hält. Ob er die Schleusentore des Himmels öffnet und so viel Segen ausschüttet, dass der Platz nicht ausreicht, um ihn zu sammeln.

Ich habe Gott in den letzten 24 Jahren meines eigenen Weges als Kingdom Builder genau dies auf jedem Kontinent tun sehen.

Ich habe also keinen Grund, daran zu zweifeln, dass er seine Versprechen hält.

Die eigentliche Frage ist: Wirst du den ersten Glaubensschritt tun? Denn Gott wartet auf dich.

ANHANG A

KINGDOM BUILDERS CHECKLISTE

☐ Hat der Pastor eine Vision?

☐ Wurde ein Kingdom Builder gefunden, der Zeugnis gibt?

☐ Ist der Termin für die Einführung festgelegt?

☐ Wurde ausreichend Werbung für die Veranstaltung gemacht, um alle Interessierten zu erreichen?

☐ Wurden für Einzelgespräche 30-minütige Zeitfenster vorgesehen?

☐ Wurden Kingdom-Builders-Zusagekarten erstellt, damit Teilnehmer ihre finanziellen Zusagen schriftlich abgeben können?

☐ Ist ein besonderes Wochenende vorgesehen, um die Kingdom Builders zu würdigen und Zeit in sie zu investieren?

☐ Kennen mindestens 10 Personen der Gemeinde (der innere Kern) den Inhalt dieses Buches und wurden sie gebeten, für die Veranstaltung zu beten?

☐ Hast auch dich auch persönlich verpflichtet, über den normalen Zehnten und die gewohnten Opfer hinaus zu geben?

ANHANG B

BEISPIELFRAGEN FÜR EINZELGESPRÄCHE

1. Was hat dich bei der Kingdom-Builders-Veranstaltung am meisten angesprochen?

2. Bist du mit deinem Ehepartner/Verlobten geistlich auf einer Linie? (falls verheiratet/verlobt)

3. Was hält dich davon ab, mit Gott aufs Ganze, »all-in« zu gehen?

4. Lebst du ein ängstliches oder ein Leben im Glauben und Vertrauen? Und weshalb ist das so?

5. Was erwartest du dir von Gott als Ergebnis dieser einfachen Einladung?

6. Betest du täglich mit deinem Ehepartner?

7. Wenn du Single bist: Hast du zwei andere gläubige Menschen, mit denen du täglich betest?

8. Hast du schriftlich Ziele und Träume für dein Leben festgehalten?

9. Liest du TÄGLICH deine Bibel?

DANKSAGUNGEN

Zuallererst danke ich meinem Herrn und Erlöser, Jesus Christus – dem ultimativen Baumeister seiner Kirche und meines Lebens. Des Weiteren gilt mein Dank den Pastoren Brian und Bobbie Houston für ihren Dienst als Leiter. Ihr habt mich befähigt und freigesetzt, meine Bestimmung zu entdecken und sie zu erfüllen. Ein großes Dankeschön geht an Steve Knox, der mir geholfen hat, die Botschaft meines Lebens in Worte zu fassen. Celina Mina – vielen Dank für die Umsetzung dieses Buches in die Realität. Danke, Karalee Fielding, für das Feedback und die Anleitung. Tim Whincop – deine Hinweise hinsichtlich der Feinheiten waren von unschätzbarem Wert; danke, Kumpel. Nathan Eshman – ich bin sehr dankbar für deine Audio-Skills bei der Produktion der Hörbuch-Version. Tony Irving – danke für deine Fotomagie, die mein Gesicht auf das Cover gebracht hat. Danke, Mike Murphy, dass du mich dazu gedrängt hast, den Weg und die Botschaft der Kingdom Builders überhaupt aufzuschreiben. Zu guter Letzt bleibt meine Familie zu erwähnen und die vielen Freunde, die mich auf diesem Weg unterstützt haben: Ich bin euch sehr dankbar für alles.

ÜBER DEN AUTOR

Andrew Denton ist erfolgreicher Unternehmer und langjähriger Ältester der Hillsong Church. Er hat den Globus umrundet, um eine einfache Botschaft weiterzugeben. Sie soll Pastoren und deren Gemeinden dazu anregen, ihr Leben auf einer anderen Ebene zu leben und das Reich Gottes zu finanzieren.

Andrew hat gemeinsam mit seiner wunderschönen Frau Susan drei wunderbare, Gott liebende Kinder großgezogen. Als Kind wollte er Profi-Surfer werden und die Welt bereisen; eines dieser Gebete hat Gott erhört. Wenn Andrew nicht gerade Rad fährt, »Dentons Tagesverse« an Leiter auf der ganzen Welt verschickt oder irgendwo eine Tasse Kaffee trinkt, kann man ihn zu Hause antreffen in Sydney, Australien, wo er die Zeit mit seinen Enkelkindern genießt.

Beziehungsorientiert, ehrlich und geradeheraus – Andrews Ansatz für den Dienst und das Leben ist einfach nur inspirierend. Seine Vorträge haben Tausende von Gläubigen auf der ganzen Welt bewegt. Deshalb werden die Wahrheiten, die auf diesen Seiten zu finden sind, auch dich herausfordern, ein Kingdom Builder zu werden, und die Art und Weise, wie du Gott dienst, für immer verändern.

Milton Keynes UK
Ingram Content Group UK Ltd.
UKHW020655150124
436059UK00009B/513